JR九州『プリーズ』

# 九州ものしり学

## 目次



**【註記】**

※本書は約20年にわたる連載から一部訂正・加筆の上、編集しました。
※住所等の表記は2009年３月現在のものです。
※本文は原則として常用漢字および現代仮名遣いを用いましたが、人名および固有名詞は慣用の呼称を使用しました。また、敬称は略させていただきました。
※編集には万全を期したつもりですが、お気づきの点がございましたらご教示ください。

大
大
別府町

1990年4月号掲載

# 昭和最後のダンディズム
# 野《の》田《だ》岩《いわ》次《じ》郎《ろう》

日本でもトップクラスの「ホテルオークラ」に
心血を注いだ男、野田岩次郎。
長崎に生まれ、アメリカに渡り、
数々のドラマを経て
「ホテルオークラ」の
代表取締役名誉会長に就任。
九十一歳で
生涯を閉じる日まで、
ホテルを「私のいのち」と
言ってやまなかった
彼のダンディズムとは。

文＝入江一郎
Text by Ichiro Irie

昭和六十三年(一九八八年)十二月十五日、「ホテルオークラ」代表取締役名誉会長野田岩次郎は、九十一歳十カ月の生涯を閉じた。

野田は死ぬまで現役だった。

「ホテルオークラ」の名声はいまさら云々するまでもない。昭和六十一年(一九八六年)の東京サミットでは、”レーガン大統領とともにホワイトハウスが「ホテルオークラ」に移動した“とマスコミは騒いだ。まさに世界第一級のホテルである。

昭和四十三年(一九六八年)の春、野田は当時の日本興業銀行の頭取中山素平(長崎出身)を通じて、大倉喜七郎の意向を知る。

「国際級ホテルを創りたい。ぜひ社長を引き受けてもらいたい」

中山の話があって旬日もたたないうちに、本人から直々の電話。野田は大倉と会うことになる。常々、好感を抱いていた大倉からの話である。意見が合ったら引き受けてもよい、と野田は思っていた。

大倉の話が終わると、野田は熱っぽく語り出した。

「ホテルを創るなら、日本式のホテルを創らねばならない。逆の言い方をすれば、日本の文化を世界に紹介するのにホテルほど具体的なチャンスを生かせるものはない。日本の伝統美を、ハードの面でもソフトの面でもそのまま磨きあげれば、それこそ何処《どこ》の国にも負けない立派なホテルになる。決して西洋の模倣をしてはいけない。華美にわたらない風格のある落ち着いた建物とサービスが、これからの日本のホテルである」。大倉と完全に意見の一致を見た野田は、さらに「企業である以上、座して待つことは許されない。積極的に営業をして、世界中のお客をつかまえる努力が必要である」と強調した。

## 長崎

野田は明治三十年(一八九七年)二月十五日、長崎に生まれた。生家は長崎の古い羅《ら》紗《しゃ》屋(毛織物の貿易商)である。「羅紗」はポルトガル語から来ている。

野田が少年時代を過ごした長崎は、貿易が盛んなころで、外国の商社が市内のあちこちに散在し、イギリス系のホンシャンバンク(旧香港上海銀行長崎支店)も盛んに活動していた。中国人街を「新地」と呼び、東山手、南山手にはコロニアル風の木造洋館が立ち並び、居留地という呼び方のほうがぴったりした。

いまのKDDIの元になる大《だい》北《ほく》電信会社はデンマーク系で、会社の敷地内にテニスコートがあった。社員は出勤すると英語しか話すことが出来なかったそうだ。そのかわり、月給は普通の会社員の五倍だったという。大北電信の社員は超エリートだったのだ。野田もミッションスクールの外国人教師に英語の指導を受けたらしい。

そのころの長崎は、汽車で東京に出るより、船で上海に行くほうが近かった。長崎線は支線だったので鳥《と》栖《す》で九州線に乗り換え、門司で今度は船に乗り、さらに下関で山陽本線

1——周囲の反対を押し切っての国際結婚。相手は名家のお嬢さんアリス・カリタ・コーストン嬢。

の汽車に乗るのである。その点、上海丸は長崎港を銅鑼《どら》の音に送られて出航し、ケット(毛布)にくるまって一晩寝ると、翌日には上海に着いた。昭和の初めごろには、長崎県上海市と呼ぶくらい近い存在になっていた。

英語が好きな文学少年は、当時の長崎の気風から自然に海外を志すようになる。野田は海外勇飛を夢に、名門東京高商(現・一橋大学)に進み、卒業と同時に、当然のように貿易会社の三井物産に入社する。

## アメリカ

野田はシアトル出張所に勤務することになった。後に、〝蝶ネクタイの国鉄総裁〟として有名になる石田禮助が出張所長だった。大正七年(一九一八年)、世界は第一次大戦に突入していた。

ビジネス英語もようやく自由に操れるようになったころ、野田は熱烈な恋をする。相手はアメリカきっての名家のお嬢さん、アリス・カリタ・コーストン嬢である。コーストン家はメイフラワー号の直系の子孫しか所属できないＤＡＲのメンバーだった。

日本人が黄色人種と差別されていた当時のアメリカである。先方の両親は絶対反対、三井物産もお家のご法度《はっと》、日本の実家ももちろん反対だった。

しかし反対が強ければ強いほど、若い二人の愛情は熱くなる。そんな彼に会社はニューヨーク転勤を命じた。アメリカは広い。遠く離せば熱も醒《さ》めるだろうという、上司の計らいだった。

だが、野田がニューヨークに転勤して約一年たった大正十一年(一九二二年)

一月、カリタはアメリカ大陸横断列車で四日もかけてニューヨークに出てきてしまう。二人は教会で簡単な式を挙げ、役所に届けると同時に日本総領事館にも結婚届を提出した。まるでハリウッド映画のようであるが、全てがハッピーエンドとはいかなかった。カリタは正式に野田の妻となったが、同時にアメリカ国籍を失ってしまう。後年、日米戦争は二人の間を無惨にも引き裂いてしまうのだ。

　会社の反対を押し切って結婚した野田は、やがて三井物産を退社して、生糸をアメリカに輸出していた日本綿花(現・双日株式会社)に移ることになる。大正十五年(一九二六年)、二十九歳になっていた。

　横浜で生糸の勉強をしてニューヨーク日綿に移った野田は、さらにコロンビア大学に通い、アメリカにおけるシルクの研究を重ねた。

　野田は生糸のセールスのために全米四十八州をくまなく廻《まわ》った。しかし、仕事は、そんなに甘くはなかった。白人のセールスマンでも大変なこの仕事、黄色い日本人はなかなか信用してもらえなかった。

　そこで彼が実行したのが、次のことである。出張先の最高のホテルに宿泊すること。商談は豪華なホテルのロビーで行うこと。服装、身だしなみはとくに気をつけること。即ち、出来るだけ良い服を着て、プレスも忘れず、靴の先まで寸分の隙《すき》もあってはならない。そ

2——日米間に暗雲がたちこめはじめたころ。一家で過ごした時間は実に短かった。

して一番肝心なのは、流暢《りゅうちょう》な英語を身につけること。商談もさることながら、日本の文化を相手に印象づけること。意見は堂々と戦わせること。勝っても負けても、戦った後、お互いに杯を挙げることが多かった。そして気の利いたジョークも忘れなかった。

野田のスピーチはいつも軽いジョークが印象的だった。アメリカ中の最高級ホテルをはしごして廻った野田は、客がホテルに何を望んでいるかを身をもって体験した。野田のホテル経営の哲学はA・C・Sという。AはAccommodation《アコモディション》、即ち「親切」、CはCuisine《キュイージン》、つまり「料理の味」、Sはもちろん「Service《サービス》」である。野田のダンディズムの内面性は、実に二十五年に及ぶ海外生活の苦闘によって積み重ねられたものだった。

## 戦争

運命の昭和十六年(一九四一年)十二月七日、野田はＦＢＩに警察への同行を求められる。この日を境に幸福な一家は散りじりになってしまう。

ＦＢＩは、アメリカ人を妻に迎え、娘も一人いる野田に〝貴殿がアメリカに忠誠を誓えばアメリカ人として過ごしてもよい〟という。野田の返事はもちろん「ＮＯ」である。野田は家に帰されることなく、そのまま二年近く方々の強制収容所を転々とする。その間、若さと英語力を買われて、野田は日本人捕虜のリーダー役を務め、何かにつけてアメリカ当局に文句を言い続けた。

昭和十八年(一九四三年)八月、野田はロッキー山脈のミゾーラ収容所からニューヨークに護送され、九月一日、第二次捕虜交換船で帰国の途についた。

アメリカに娘のグローリアとともに残ることになったカリタは、グローリアを連れて見送りに来たが、とうとう面会は許されなかった。

七十五日間の長い船旅の後、野田はやっと横浜にたどりついた。会社は日綿実業と社名が大きくなっていたが、輸出先が敵国になってしまって仕事らしい仕事はない。そんな彼に海軍から声がかかった。ワシントンの大使館付き武官だった中山定義大佐(後の海幕長)からの要請で、海軍省調査二課に勤めることになる。課内には澄《す》田《み》智《た さとし》(後の日銀副総裁)、佐竹浩(後の国金総裁)、佐藤英夫(後の三菱商事常務)、吉《よし》國《くに》二郎(後の横浜銀行頭取)らが集まり、海外情報の翻訳と分析に忙殺されることになった。

軍令部にあった対米研究会に進講することも度々あったが、アメリカ人は白人・黒人その他、多民族の寄り集まりだから団結心がないのではないか、という考え方に対して、フロンティア精神と「アメリカ的生活」を守るということについては国民は一致団結することを強調した。

## 戦後

日本は無条件の降伏で戦争を終結した。完全に敗れた。涙ののちに、何ともいえない虚脱感が襲った。しかし彼は、何時までもぼんやりしてはいられなかった。年が明けると大変な役目を仰せつかることになる。

3——妻と子を連れて初めて日本に。氷川丸の船上にて。

昭和二十一年(一九四六年)四月、「持株会社整理委員会令」が公布された。世にいう「財閥解体」である。

野田は常任委員に任命され、後年の三年間は委員長を務めることになる。アメリカでの二十五年と、なまじっかの英語力が悔やまれたつらい役目だった。それに相手はアメリカだけではない。ソ連、イギリス、オランダ、フランス、オーストラリアなど、戦勝国は勝手なことを主張した。

野田は六年間、全力を投球した。しかし、日本の企業にとってみれば「GHQをカサに着て威張《いば》っている」、日本の役人には「元来、自分らがやるべき仕事を行政のイロハも知らない素人《しろうと》がかき混ぜる」、GHQにしてみれば「日本の企業の肩ばかり持って、やっぱりジャップだわい」などと言われ、全くいいことはなかった。四面楚歌。目の前が真っ暗になり、何度辞表を叩きつけようとしたことだろう。

外面はあくまでも快活にジョークを飛ばし、遊びもしたが、決して心から楽しむところがなかった。野田は無我夢中で戦後処理に当たっていたが、愛妻も一人娘もアメリカに残したまま、ふと一人になった彼の背中には、言い難い淋しさがにじみ出ていた。野田は、淋しさを紛らわすためにも、がむしゃらに働いたのかもしれない。

昭和二十六年(一九五一年)七月、財閥の解体を終え、組織を解散して、野田はつらく長かった役目から解放された。そして野田は、やっと一つの結論に到達する。「我々の戦後六年の仕事は、後の歴史が正しい審判を下してくれる。我々はその評価を胸を張って受けよう。少なくとも自分から弁解がましいことは言わない」

アメリカ時代からのゴルフが当たり出したのは、この後しばらくしてからのことだ。ホールインワンも二度経験している。

やがて、野田が解体した財閥のオーナーの一人、大倉喜七郎が野田を求める。「財閥解体で失くした帝国ホテルより優れた、最高のホテルを創ってくれ」

ダンディの野田岩次郎も、大倉のこのダンディズムには一瞬たじろいだかもしれない。

## 晩年

野田は晩年、長崎をよく訪れた。郷土愛は誰《だれ》にもあるが、野田はこよなく長崎を愛した。旧制長崎中学校の東京同窓会は、毎年「ホテルオークラ」で開催された。会費は一人五千円也《なり》。席上、「旅館のおやじをやっとる野田です。今晩はどうぞゆっくりしてくれまっせ」と長崎弁。会場はどっと湧いた。

長崎大水害の時は、芸能界にも顔の広い野田は、早速、藤山一郎に相談して「長崎水害救済チャリテ

4——代表取締役名誉会長に就任した時、娘のグローリアと。

イショー」をオークラで開催し、見舞金五百万円を長崎県に贈っている。

社長室長だった牧野靖(昭和六十二年退職)が述懐する。「長崎行きが予定表に入ると、その日から会長のご機嫌《きげん》がよくなるんです。行きつけの長崎の〝ちゃんぽん屋さん〟にも予約を入れるんですよ…」。野田は長崎に行くとオランダ坂から東山手を好んで散歩した。活水女子大学と十二番館辺りの木造洋館がとくにお気に入りだった。

そんな野田には葉巻がよく似合った。〝ハバナ〟の太巻きの喫い口をブランデーにひたしながら、「禁煙なんて、君は意志が弱いね。たばこを何年喫っとるんだい」と人を烟《けむり》にまいたりする。「葉巻とコニャックの匂いが染み込んだジャケット」が彼のスタイルだった。

「ホテルオークラ」の海外進出は早い。インドネシアには当時のスカルノ大統領の要請で、二つのホテルを支援した。オランダには「オペラハウスをつくるから、その隣に『ホテルオークラアムステルダム』を建ててくれ」とオランダ政府に頼まれて進出した。肝心のオペラハウスは建たなかったが、日本式のサービスが評判になった。「グアムホテルオークラ」、韓国の「新羅《シルラ》ホテル」と続いて、平成元年(一九八九年)には「ホテルオークラ神戸」の落成を見たが、残念ながら野田はテープカットをすることは出来なかった。

長崎県から誘いを受けた野田は、長崎にもホテルオークラを建てたかった。実現しなかったが、野田の中ではウォーターフロントのホテルのイメージは早くから出来上がっていた。「ホテルオークラ長崎」というネーミングは、昭和六十一年(一九八六年)に野田が決めた最後のホテルだった。

■参考資料
『財閥解体私記－私の履歴書』野田岩次郎(日本経済新聞社)

1991年10月号掲載

# 長崎・外海《そとめ》の村おこし人
# マルコ・マリ・ド・ロ神父《しんぷ》

角力《すもう》灘に臨む地で、
没後一世紀近くを
経てなお
慕われ続ける
神父がいる。
豊かな知識と
卓越した行動力で
産業を興し、
教会や工場をつくり、
人々に生きる道を示した
〈ド・ロさま〉が残したものは…。

文＝宮本まり
Text by Mari Miyamoto

## 村が悲しみに沈んだ日

大正三年(一九一四年)十一月、その海沿いの小さな村には少々不釣り合いなほど立派な教会で、一人の外国人神父の葬儀が営まれた。この悲しい知らせは海を渡り、山を越え、いったいどこからこれだけの人が、と思われるほど長い葬列が、教会の立つ丘から、なきがらを葬る野中の墓地まで延々と続いた。

フランス人、マルコ・マリ・ド・ロ神父は、彼が三十三年間を過ごした外海教区・出津《しつ》の人々と、こうして別れを告げ、神の国に召されたのである。

しかし死後九十五年を過ぎたいまもなお、彼の名は「ド・ロさま」と親しみを込めて呼ばれ、その思い出は土地のあちこちに生き続けている。

## 〈肩書き〉の多い神父さん

ド・ロ神父がこの土地にやってきたのは明治十二年(一八七九年)。三十九歳の働き盛りである。晩年の肖像では真っ白なヒゲと髪も、このころはまだ黒かった。いや、すでに幾分かは白いものが混じっていたかもしれない。というのは、それまで忙し過ぎるほど忙しい日々を送ってきたのである。

彼が日本に来たのはこれより十一年前。一八六八年六月という、まさに明治政府が誕生したその年で、世間は上から下までゴタゴタしていた。ド・ロ神父が上陸した長崎でも、せっかくフランスからはるばる布教に来たというのに、肝心の信徒たち(浦上のキリシタン)が一人もいなくなってしまうありさま。

雲隠れしたわけではない。信仰を咎《とが》められて、大人から赤ン坊まで三千数百人もの村人が流罪処分を受けたのである。

江戸幕府のキリスト教弾圧は有名だが、維新を名乗った明治政府も、中心に天皇制をおく以上、異国の神を許すわけにはいかなかったのだ。

西欧諸国の非難と抗議で、ようやく形ばかりであったが「信教の自由」が認められ、浦上の信徒たちが故郷に帰ってこれたのは四年後だった。その間、横浜に派遣されていたド・ロ神父もやっと望みの地、長崎に戻ることができた。

双六《すごろく》にたとえると、振り出しからいきなり〈休み〉のコマに入ってしまったようなものだったが、生来活動的な神父は横浜の外国人居留地にいる間もじっとしていない。彼の専門の印刷技術に磨きをかけるかたわら、修道会の建築現場に参加し、建築を設計から施工まで覚えてしまった。これが、後でとても役立ってくる。

さて信徒は帰ってきたが、災難はこれで終わらない。翌年大きな嵐が村を襲い、飢えと病気(赤痢)があとに続いた。

母国で医療活動に奉仕した経験を持つド・ロ神父は、薬箱を手に連日村に通い、自分も感染してしまうほど親身な治療を続けた。その結果、当時三〇％といわれた赤痢の死亡率が、この時はわずか四％に抑えられている。

1——ド・ロ神父の建築の才が発揮された出津教会。ここで葬儀が営まれた。

ところで、キリスト教の中にはいくつもの派がある。ド・ロ神父が属していたのはカトリックで、プロテスタントなどの新教派と違って聖職者は妻帯できない。一生独身だったド・ロ神父は非常な子ども好きで、信徒が連れている幼児を見ると顔をほころばせ「他人の子どもでもこんなに愛らしい。自分の子だったらどんなにかわいいか」と言ったという。しかし飢えと疫病はそんな愛らしい幼児たちをも不幸にしてしまう。災厄が去った村には、何人もの子どもが孤児や捨て子となって残されてしまった。

神父の医療活動を手伝った、信徒の若い女性たちが四人いた。彼女たちはこれらの子どもを、ド・ロ神父の助言と経済的な援助を受けながら、育て始めた。それは後に、いくつもの修道院や養育院へと発展していく。四人の乙女のリーダー格だった岩永マキは、後年「ざっと五千六百人以上(!)の子を育てた」と語っている。

ド・ロ神父はこうして長崎の信徒たちと足かけ七年を過ごした。その間の彼の活動の証として、布教用冊子、宗教版画などがいまも残っている。印刷技術もなかなかのものだが、聖書を日本の風俗にあわせて表現するという新鮮な工夫がこらされており、彼の柔軟なセンスが見て取れる。

現在国の重要文化財の大浦神学校を、自ら図面を引いて建設したのもこの時期だった。それ以後の彼の建築物に共通する、頑丈さがシンプルな美しさに昇華したどこか懐かしい外観の建物である。

このころ、以前より布教しやすくなった状況を見た宣教会本部は、さらに充実させるため「各教区ごとに神父を定住させて信徒を指導する」方針を決めた。ド・ロ神父に任されたのは長崎から遠く西の外海地区。いわば転勤だ。

聖職者、医者、印刷屋、建築家、創作者、福祉家…、さまざまな仕事を次々とこなしてきたスーパー便利屋のような神父は、かくして後半生を送るこの土地にやってきたというわけである。

## ド・ロ版〈村おこし〉

外海は、西彼杵半島の中ほどに西の海を向く形で区切られた地区である。ド・ロ神父はこの中間部、出津というところに農家を買い、仮の教会とした。

現在は国道が通り、長崎市街からバスで一時間足らずの距離だが、当時は峠越えの難路のみ。陸の孤島といわれ、交通はもっぱら舟に頼る辺ぴなところだった。岩の多い海岸からすぐに険しい山がそびえ、田畑が狭いうえ土はやせている。キリスト教への信心こそ深いものの、人々は極めて貧しい生活をしていた。

この様子を見た神父は、信仰で魂を救うだけでなく、その魂が宿る生きた肉体の救済にすぐさま取りかかる。いまでいうなら〈村おこし〉だ。

人間には、知恵を出すのが得意なタイプと、体力を使うのが得意なタイプがあ

2――ド・ロ神父の墓。生前彼がつくった教会墓地の一角にある。

るが、彼は両方の能力を常人の数倍備えていたようだ。アイデアを出す、即座に実行する。また別のことでアイデアを出す。また別の行動に移す…出津に来てからの彼の仕事ぶりはこの連続だった。

次から次に手掛けたことは…子ども、女性、青年、それぞれを組織して教育した。薬局と医療所をつくり、疫病に対応した。防波堤や道を築き、交通の便をよくした。教会を設計し、木材選びから工事まで現場で指導した…いちいち上げるときりがないが、もっとも力を入れたのは、経済的な面で、住民に生きる道を開くことだった。

それには二つの方法があった。まず、この地で新しい産業を興すこと。次に乏しい耕地を広げること、である。

産業の方は、織物・染色の指導から始まり、パン・マカロニ・そうめん作り、そのための製粉工場建設、地の利を活かしたイワシ網製造、お茶の栽培、と多岐にわたった。

それらの産業の多くは、神父の死後、時代の移り変わりの中で消えていったが、「ド・ロさまそうめん」のように再び甦《よみがえ》ったものもある。

このそうめんを例に、彼のものづくりの姿勢をたどってみよう。まず原料だ。肥沃《ひよく》とはいえないここの土地は、米より麦に向いている。現に小麦は既に生産されていた。それなら麺《めん》類がいい。しかしそれまで作られていた麦は質が悪い。そこでフランスから種子を取り寄せて品質の良い小麦粉を作った。麦の茎は、ぞうりや蚕用のむしろの材料にもなる。さて、麺の製造だが、つなぎの油を工夫してみよう。落花生がいい。これも出津で栽培できるようにした。粉のこね方にも気を配る。「南風のときは少し固く粉をこね、塩加減を多く。西風のときには逆に柔らかめにして塩は少なく…」。実に行き届いた指導ぶりである。

現在、ここの代表的な名物になっているこのそうめん。細いものが主流の市販品に比べると、冷や麦といったほうがぴったりくる太めの麺であるが、それがいかにも飾らない合理性に思えて納得してしまう。また、姉妹品として、そうめんを伸ばしたときにできる両端の曲がった部分が「ふしめん」の名で販売されている。サラダなどに向くらしいが、これなども、ものを無駄にしないアイデアで面白い。

こうした点では女性顔負けの細かな心づかいを見せる一方、耕地拡大の計画では神父は非常なたくましさを示している。

山林原野を買い取って開墾し、これに空の俵三万八千俵を堆肥《たいひ》としてすき込んだ。下肥えも自ら率先して施したという。しかしこの村の広さには限界がある。そこで次に、村人の移住を考えた。北海道まで視野に入れた計画を立てたが、これは遠すぎて参加者がいない。しかし長崎県内三カ所に土地を購入して移植者を送り込んだ方は成功し「キリシタン村」と呼ばれてそれぞれ発展していった。

3——いまも町の名物「ド・ロさまそうめん」。姉妹品に独特の味わいの「めんつゆ」もある。

4——ド・ロ神父記念館／長崎市西出津町2633　9:00〜17:00、12月29日〜1月3日休、一般300円 小・中高生100円(外海歴史民俗資料館の入館料含む)
☎ 0959(25)1081　JR長崎駅から車で約50分。

## 一番大きな贈り物

ド・ロ神父は七十四歳で、大浦天主堂の改築工事中に足場から落ち、そのケガがもとで亡くなった。冒頭で書いたように、葬儀には彼を慕う多くの人々が参列した。

もともとカトリックへの帰依者が多い地域ではあったが、その後、世界レベルでの幹部〝枢機卿《すうききょう》〟を外海地区から二人も生んだのは、彼がいかに見事にこの地の信仰を実らせたか、を物語っている。

死後六十四年たった昭和五十三年(一九七八年)、外海町は遺徳をしのんで彼の故郷、フランスのヴォスロール村と姉妹縁組をした。

出津の「ド・ロ神父記念館」には、彼の遺品が展示されている。裕福で信仰厚い貴族の長男として生まれた彼が、日本に渡る際に両親から贈られた莫大な私財を、ここでの仕事のために惜しみなく費やし、医療用具や建築資材や土地を購入したことがよく分かる。そして、それが決して苦痛を伴う義務感などではなく、自らの前向きなフロンティア精神から出たことも。なぜなら、使い込まれ大切にされた道具の一つひとつが、彼の仕事への誇りと愛情で輝いているのである。人間に本当の満足を与えるのは何か、きっと神父はよく知っていたのだろう。

記念館前の彼の像にいかめしい〝偉人〟らしさは全くない。優しく子どもを見るまなざしは、自らの生き方に満足しきった穏やかなものだ。

ド・ロ神父はたくさんの贈り物をこの地に残したが、一番大きな贈り物は、こうした生き方そのものだったような気がしてならない。

■参考資料
『外海の聖者　ド・ロ神父』谷真介(女子パウロ会)
『日本キリスト教史』五野井隆史(吉川弘文館)
『社会に福音を』(カトリック中央協議会)
「西日本新風土記／第81回」(西日本新聞社)
■撮影協力
ド・ロ神父記念館

1994年1月号掲載

# 九《き》州《ゅう》の凧《たこ》

**はるか南から、黒潮に乗って伝わったといわれる「凧」。九州各地に伝わる凧は、凧が玩具《がんぐ》になる前の長い歴史を秘めている。**

## 日の出鶴《つる》

**【五島】**
長崎県の五島列島に伝わる凧。鬼をモチーフとする「バラモン凧」とともによく知られている。青空に映える、単純化された形と色彩が何とも美しい。凧を彩る顔料は、食紅を使っている。

文＝**内本浩子**
Text by Hiroko Uchimoto
写真＝**松隈直樹**
Photo by Naoki Matsukuma

## 九州は伝統凧《だこ》の宝庫

澄みきった冬空をついて、どこまでも舞い昇る凧。かつては、どこにでもあった正月の風景が、見られなくなって久しい。

一時、性能のいい輸入凧に押された感のあった和凧は、各地に残る凧職人や保存会の人々の力で伝統を保ち続けている。しかし作る人もなく、いつの間にか途絶えてしまった凧も数知れない。

凧を愛する人々によれば、九州は個性あふれる伝統凧の宝庫だという。九州では凧のことを、「イカ」「タカ」「タツ」「トンビ」などと呼ぶ。形もご覧のとおり複雑で、独自性の強いものが多い。

また、凧についての古い伝承が残ることからも、凧と九州の強い結び付きが感じられる。

## 孫《まご》次《じ》道人

**【戸畑】**

なぐりがきのような素朴なタッチがほほえましい。上部は龍《りゅう》、下部はトラ。厄除《やくよ》け、魔除けの意味があるという。明治生まれの名人孫次郎の名を継ぐ、個性あふれる凧。

## かみなり道人《どうじん》

**【小倉】**

福岡県北九州市の長方形を複雑に変形させた、唐人系と呼ばれるタイプの凧。道人とは、神仙の術を修めた人（道士）のことで、占い師を道人博士ともいった。昔、豊作や吉凶を凧で占っていた名残を示す名前ともいう。

## うちかけ

**【戸畑】**

花嫁衣装の打ち掛けに似ているから、この名前が付いたそうだが、定かではない。福岡県北九州市のこの形は「孫次道人凧」と同じく故竹内《たけうち》孫《まご》次《じ》郎《ろう》の子孫が作り続けている。武将のほかに、動物を描いた童画的なものなど。

奈良時代の和銅六年(七一三年)に編纂された「肥前国風土記《ひぜんのくにふどき》」には、日本最古の部に属する凧らしきものが出てくる。肥前国は、いまの佐賀・長崎県一帯。それによると、神に仕える一人のミコが、「幡(ハタ)」というものを空高く揚げて、新しい社の位置を占ったという。現在の凧の先祖筋に当たるものだろうか。

なお、宮崎県の日向市美々津《みみつ》には、神武天皇の凧揚げ伝説がある。この地に逗留《とうりゅう》していた天皇は、船出の日を決めるために、小高い丘に上って「くもめ」と呼ばれる凧を揚げ、風向きを調べたと伝えられる。

信仰と、実用と…。そこには、凧が子どもの玩具《がんぐ》になる以前の、深く長い歴史が隠されている。まずは、その歴史を駆け足でのぞいてみることにしよう。

木や竹や布で作った凧は二千年以

## バラモン

【五島】

武者のかぶとに鬼がかみついたところ。五島は一帯を支配した松浦党ゆかりの土地で、松浦の祖・渡辺綱と羅生門の鬼を題材とする。昔は男児の初孫が生まれると、祖父がこの凧を作って祝った。

## 鬼ようちょう

【平戸】

五島のバラモンと同じ題材による凧。武者の姿は顔のある「表ようちょう」と後ろ姿の「裏ようちょう」に分かれているそうで、これは「表ようちょう」のほう。渡辺綱《わたなべのつな》は大江山の鬼退治でおなじみの四天王の一人。

## オンダコ

【壱岐】

鬼凧と書いて、オンダコ。江戸時代、壱岐が松浦藩領になったときに、平戸から渡ってきたものだという。下半分に描かれた武者を、壱岐では百合若大臣《ゆりわかだいじん》と言っている。

上前からあったといわれる。代表的な原始凧は、南太平洋の木の葉凧だ。ヤシの葉を材料とし、凧の尾の先端にクモの巣を小さく固めたものが垂れている。カヌーの上でこれを揚げると、水面に垂れたクモの巣に魚が食いついてくる。凧のルーツは、風をよく知る南方の海洋民族から生まれた、暮らしの道具だった。

一方、中国大陸でも紀元前から凧が利用されていた。こちらは敵情視察や戦時の通信・輸送の具として使われていたらしい。形は奴凧《やっこ》に似た鳥型が主流で、鳴り物を取りつけて空中で音を出す凧もあった。このような発声機付き凧の伝統は、九州や東北地方をはじめ全国各地で受け継がれている。

凧の発生の歴史を見ていくと、思いの外の実用性に驚かされる。生きるための人々の知恵が、凧を生み、

## よかんべい奴《やっこ》

**【豊後高田】**

大分県豊後高田の凧。「よかんべい」は、凧のこと。まゆが太く目の大きな奴さんは、軍帽をかぶった西郷隆盛だという。豊後高田は風の弱い地域で、風をためて高く揚げる工夫として「風袋」が両そでに付いている。

## 人形凧

**【豊前長洲】**

大分県宇佐市豊前長洲の桃太郎や源義経などのヒーローをかたどった、ほぼ等身大の凧。骨組みの中心には、木材を使っている。斜め方向の骨が入っていないのは、凧の古い形に近い。

## バラモン

**【長崎】**

江戸時代の長崎は、熱狂的な凧ブームに沸きたっていたらしく、度々禁止令が出ている。18世紀の文献にも、寺の和尚が巨大な凧を揚げさせる図があり、その骨組みはいまも保存されている。これは文献に描かれた絵柄の復元品。

育てた。

海洋民族にとって、風は生命に関わる重要な自然現象だった。風に乗って空を舞う凧は、実用品でありながら、神秘的な存在でもあったようだ。凧を神事や儀礼の具とする考え方が、ここに始まった。

### 海の民、風の民の凧

現在九州各地に残っている凧には、中国、東南アジア、インドなどの影響が見られるといわれる。

九州には唐人《とうじん》、道人《どうじん》、バラモンなどと呼ばれる不思議な形の凧群がある。凧といえば長方形、浮世絵の武者絵を思い浮かべることが多いが、九州の凧に長方形はほとんどない。絵柄の主流を占めるのも、土俗的、呪術的《じゅじゅつ》な印象を持った鬼や龍《りゅう》である。

「絵柄のために形があるような江戸凧と違い、九州では形に重要な意味

## 唐人凧

**【上天草市大矢野】**

熊本県上天草市のコブのような輪郭が異様な形の凧。海ヘビを思わせる龍の絵柄。同種のものは、佐賀県の小川島や島根県の松江、新潟県の酒田にもあり、それぞれ絵柄が異なる。漁師の移動により広まったものかという。

## ハタ

**【長崎】**

長崎では凧を「ハタ」と呼ぶ。出島・オランダ商館のインドネシア人から伝わったともいう。江戸時代には旧暦2・3月がハタ揚げのシーズン。大勢の見物人を集めて盛大に催された。写真のハタは「タンゴ縞《じま》」。

## こうもり

**【佐伯】**

大分県佐伯市の、ベースはひし形だが、両わきがカーブしている凧。若武者のかぶとに笹竜胆《ささりんどう》が描かれている絵柄は、源義経か。

## 奴凧

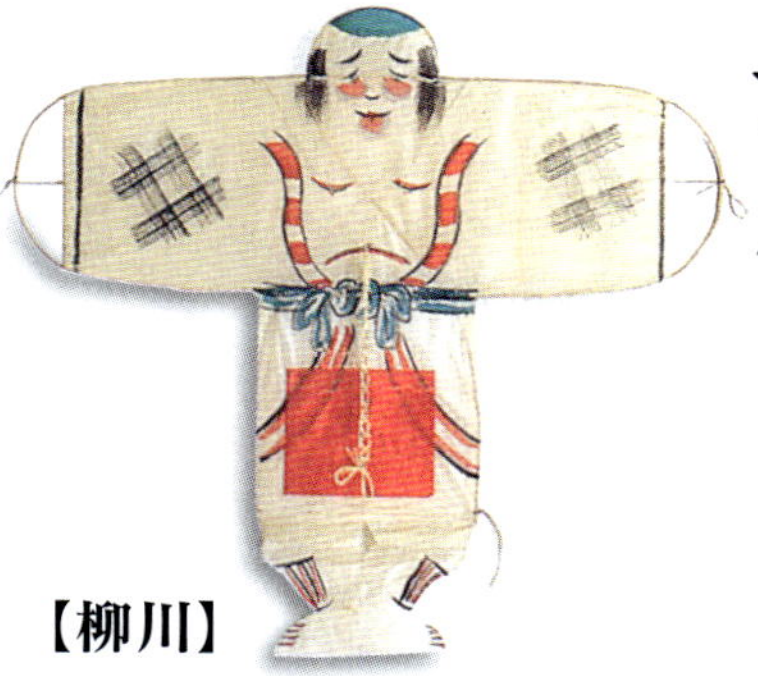

**【柳川】**

福岡県柳川市の全国的に親しまれた奴凧。大名や武士に仕えた供奴をかたどっている。柳川の郷土凧は、明治20年生まれで芝居小屋の小道具係だった山下《やました》仁《に》三郎《ざぶろう》翁に始まる。哀愁に満ちた表情が特徴の凧。

がある」と語ってくれたのは、北九州市在住で小倉道人凧を復活させた生野保幸さんだ。

生野さんはさらに、九州の凧の始まりも海洋民族にあるのではないかと考えている。伝統の凧は港町に多い。和紙の凧は、揚がり具合、紙の湿り具合で、低気圧の接近などを予測可能だ。

入り江近くの小高い山で凧を見た名残が、日和山《ひよりやま》、風頭《かざがしら》などの地名に残る場所もある。その風頭は、海を見下ろす長崎市のかつての凧揚げ名所。ここに全国でも数少ない、三代続く凧職人が住む。その人、小川《おがわ》暁《あき》博《ひろ》さんが作るのは、ハタと呼ばれる長崎の伝統凧だ。

江戸時代になると、凧は娯楽の道具として活躍し始める。ハタは十六世紀の半ばころ、出島にいたインドネシア人が伝えたといわれ、細かな

■参考資料
『美術ガイド・凧』(美術出版社)、『ふるさとの凧』(グラフィック社)、『凧の話』(講談社現代新書)
■協力
生野保幸、小川暁博

## マッタクー

**【沖縄】**

沖縄では凧のことを「マッタクー」という。台形を逆さにした形は、高く揚がったときに正方形に見える工夫。小さな正方形の色紙を張り合わせて市松模様にしたこの絵柄は、シチガーラ(敷瓦《しきがわら》)と呼ばれる。

## 小川凧

**【小川】**

熊本県宇城市の小川に伝わるもので、めでたいエビスの絵柄がユーモラス。この形は、骨組みの均衡が取れているとよく揚がる。いかにも熊本らしく、加藤清正の絵柄などもある。

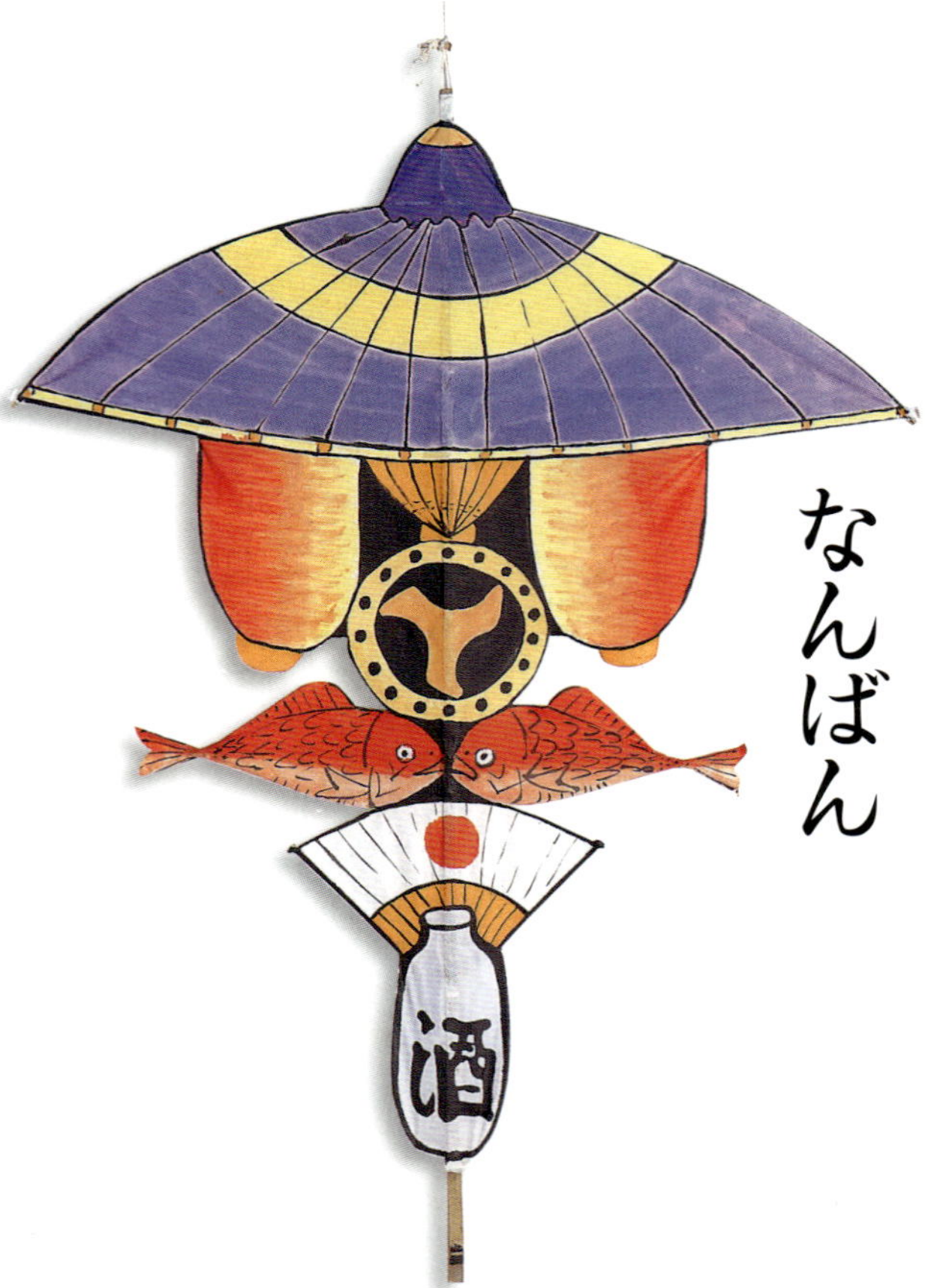


## なんばん

**【柳川】**

別名「からかさ唐人」。身寄りがなく子ども好きだった、仁三郎翁の創作凧。明るい家に(傘と提灯《ちょうちん》)、子孫が満ち(でんでん太鼓)、祝宴が始まる(タイ・扇子・徳利)という絵解き。

ガラス粉を練り込んだ凧糸でほかの凧を切り落とす、喧嘩凧《けんかだこ》という遊び方が特徴だ。

江戸期の長崎の凧揚げシーズンは、旧暦の二月三月。長崎に限らず、江戸や上方でも凧揚げは春のものだったらしい。そのころから小川さんの子ども時代まで、凧揚げは専《もっぱ》ら大人の楽しみだった。凧を追って畑を踏み荒らす、物を壊す、ついには刃傷《にんじょう》沙汰《ざた》までという熱狂ぶり。あまりのことに奉行所から禁止令まで出たほどで、凧にかける人々のエネルギーには恐ろしささえ感じられる。

ところで、図版には鹿児島、宮崎の凧がない。これは同じ江戸時代、凧をのろしや伝書に利用するスパイ行為を警戒して、暗黙のうちに禁じられていたからだという説がある。古代中国の凧の役割を考えると、興味深い話ではある。

1994年2月号掲載

# 日本マラソンの父 金《かな》栗《くり》四《し》三《ぞう》

日本初の
オリンピックランナー、
金栗四三。
歴史を塗りかえる
記録を出しながら、
ランナーとしては
無冠に終わったが、
マラソン王国日本の
礎を築いた
その人生にこそ、
金メダルを贈りたい。

文＝牛島千絵美
Text by Chiemi Ushijima

## 悲運のオリンピックランナー

日本のオリンピック初参加は明治四十五年（一九一二年）、スウェーデンの首都ストックホルムで開催された第五回大会。選手として出場したのは短距離の三島弥彦とマラソンの金栗四三だった。

四三は国内のオリンピック予選会で、当時の世界記録を二十七分も縮める二時間三十二分四十五秒という驚異的な記録を出して期待されたが、大会時のストックホルムは死者まで出る猛暑。健闘のかいもなく途中で棄権してしまう。いまでこそスポーツ選手に監督やコーチがつき、食事から練習までを科学的に分析したり、管理しているが、当時の日本選手はすべて自己流。三島や四三は体格や体力の差、準備不足を痛感する。例えば、並みいる外国選手が運動靴を履いていたというのに、四三の足元は座敷用の足袋《たび》。練習前後に外国選手が受けるマッサージも、知識のない四三にとっては不思議でしかなかった。四三は多くの課題を抱えて帰国する。

その後の四三は、第六回ベルリンオリンピックを目標に、体力・気力とも充実。記録もどんどん伸びる時期だった。だれもがメダルを期待していたが、第一次世界大戦が勃発《ぼっぱつ》し大会は中止。後に出場した第七回アントワープ大会では十六位、第八回パリ大会は棄権。すでに選手としてのピークを過ぎていた四三は、ついに記録を残すことができなかった。

ランナーとして実力に恵まれ、努力を惜しまず、世界記録を上回る自己記録をもっていたにもかかわらず、オリンピックではメダリストになれなかった金栗四三。しかし、彼は挫折しなかった。

## 運動が苦手だった少年時代

金栗四三は熊本県春富《はるどみ》村中林（現・玉名郡和水《なごみ》町中林）の出身。明治二十四年（一八九一年）金栗家八人兄弟の七番目だった。家は裕福な酒造業。しかし、父信彦は病弱で、代々続いた酒造業を廃業。長男の実次《さねつぐ》が村役場に勤めながら、農業をして家計を支えた。生まれたばかりの四三は病弱だったが、四、五歳のころにはすっかり健康になった。ただし、小・中学校時代は運動が苦手。将来のオリンピック選手を予感させるのは、六キロにも及ぶ道のりを級友たちと走って登下校していたことくらいだ。長距離を走り抜く基礎体力は、このころ作られたのだろう。

むしろ、四三は運動より勉強に熱心な少年だった。分からないところがあれば理解できるまで質問する。毎日の予習復習も欠かさない。常に成績も良く、玉名中学校

1――ストックホルムオリンピックの入場行進。「NIPPON」のプラカードを持っているのが金栗四三。

(現・玉名高校)から初めて東京高等師範学校(現・筑波大学)に合格したほどの秀才だった。
四三が入学した当時の東京高師の校長は、講道館の創立者として知られる嘉納治五郎《かのうじごろう》。体育教育に力を入れ、全員が運動部に入ることを奨励した。四三も剣道部に入部。「体を鍛える」つもりで登下校は駆け足を続けた。マラソン選手としての頭角を現わしたのは東京高師恒例の校内長距離競走だった。初出場の春の三里(一里は四km)競走では出遅れながらも二十五位。秋の六里競走では予科生(一年生)で初めて三位という快挙を果たす。

2

早速、四三は故郷の母や兄に喜びを報告する。しかし、故郷から届いたのは意見書だった。「お前を東京にやったのは勉強をさせるためだ。六里も走って体を壊しては元も子もない」。翌年から徒歩部(陸上部)に入部するが、故郷には内緒にした。入部したからには努力家の四三らしく人並み以上の練習をする。その後、校内長距離競走に優勝したばかりでなく、第五回国際オリンピック大会の国内予選会

に出場。世界記録を破る成績で日本代表選手の切符を手にする。

代表といっても、当時のオリンピック参加はすべてが個人負担。いまの金額で約百万円ほどの渡航費用が必要だった。ほかに工面する道もなく、やむなく故郷に手紙を書く。故郷から届いた手紙は予想外に温かいものだった。「四三よくやってくれた。行って力いっぱい走ってこい。たとえ田畑を売っても、そのための金なら惜しくない」

この時二十一歳。胸のつかえも下りて、ランナーとしての人生が始まった。

## 指導者としての才能

意気揚々とストックホルムにたった四三だったが、結果は惨《みじ》めなものだった。しかし、四三は敗れたことで余計に闘志を燃やす。冷静に自分の敗因を分析。練習方法にもいろいろな工夫を試みる。初めて外国で舗装道路の上を走った四三は、舗装道路に強い足腰を作るために風呂場のコンクリートの床で練習したり、暑さ対策として真夏の午後一時から三時という時間帯を練習に当てたりした。暑い日「せっかくの暑さを無駄にすまい」と練習に出掛け、寒い日も「部屋にいるのはもったいない」と練習に励む。後輩の先頭に立って、人の何倍も練習をした。

同時に、後輩の指導にも積極的だった。それぞれの気性に合わせて方法を変えたり、相手の性格をつかんでのせる要領のよさ、指導のうまさは四三ならではのものだった。彼のこの指導から、日本の陸上競技の歴史に残る名選手が続々と生まれたことは言うまでもない。

2——晩年、玉名高校の生徒と一緒に走る金栗四三。

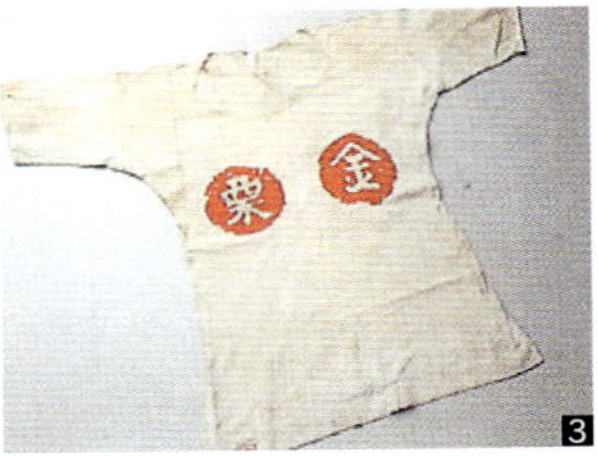
3

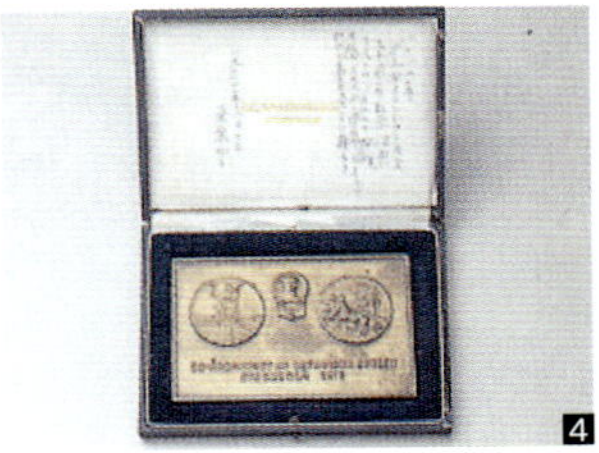
4

5

東京高師卒業後も教職に就かず、研究科に残って練習に励んだ。空き時間はマラソン普及を目指し全国を回る。素質のある選手の発掘とマラソン人口の増加を願い、彼は卒業後三年間で約六十の師範学校のほとんどを回った。

四三が初めて教職に就いたのはベルリンへの夢が奪われた後の大正五年(一九一六年)。鎌倉市にある神奈川師範だった。担当科目は地理。教師としても手は抜かず、ときには海外の体験談も交えた授業で生徒たちを引きつけた。授業が終わればマラソンの練習。徒歩部の生徒を指導しながら、週に一回は母校東京高師にも出向き、後輩の指導も忘れなかった。

　翌年の大正六年(一九一七年)には独逸《どいつ》学協中学へ転任。ここでも放課後は熱心なマラソン指導を続ける。大正八年(一九一九年)ごろに行われた東京・横浜間の中学京浜駅伝では、一位が神奈川師範、二位が独逸学協中学だった。四三の指導は確実な成果を上げていたのである。

　大正九年(一九二〇年)、再び日本代表選手としてオリンピックアントワープ大会に出場した四三だったが結果は十六位。翌十年(一九二一年)には東京女子師範に赴任する。これはアントワープで女子体育の振興の重要性を痛感したためだ。日本人は体格・体力とも外国選手に劣る。海外にも通用する選手を育てるには、まず、母親となる女子が立派な体躯《たいく》や体力をもち、スポーツに深い理解をもっていなければならない。四三の熱心な指導のもとに、東京女子師範は全国を代表するスポーツ校になったばかりでなく、成績も向上。最初は反対していた父母や教師たちもスポーツに深い理解を示すようになる。

# 日本マラソンの父として

ランナーとしての四三をずっと悩ませていたのが靴だった。当時日本人選手が履いていた座敷用の足袋では、長距離を走ると底が抜けてしまう。まして舗装された海外の道路では、受けるショックが大きく足腰を痛めることも多い。四三は足袋屋「ハリマヤ」と共同で研究を進め、底に凹凸のついたゴムを張り、運動靴のように履きやすく足を動かしやすい『金栗足袋』を開発した。いま見れば、足袋の形をした運動靴だが、当時の陸上界では画期的。この金栗足袋は、大正から昭和にかけて広く愛用された。

いまでは世界的にも広まった駅伝の創案者も四三である。大正六年は、京都から東京へ日本の首都が移されてから五十年目に当たる記念すべき年。京都から東京まで東海道を走り継ぐマラソンリレーレースを開催する話がもち上がり、四三は請われてその実行に向け奔走する。京都三条大橋から東京上野不忍池《しのばずのいけ》までの五百十六キロ、二十三区間で健脚を競う『東海道五十三次駅伝競走』は大成功を収め、後の『箱根大学駅伝』『九州一周駅伝』などへ続いて全国に広まっていった。

大正十三年(一九二四年)、第八回オリンピックパリ大会で、またも猛暑に苦しみ

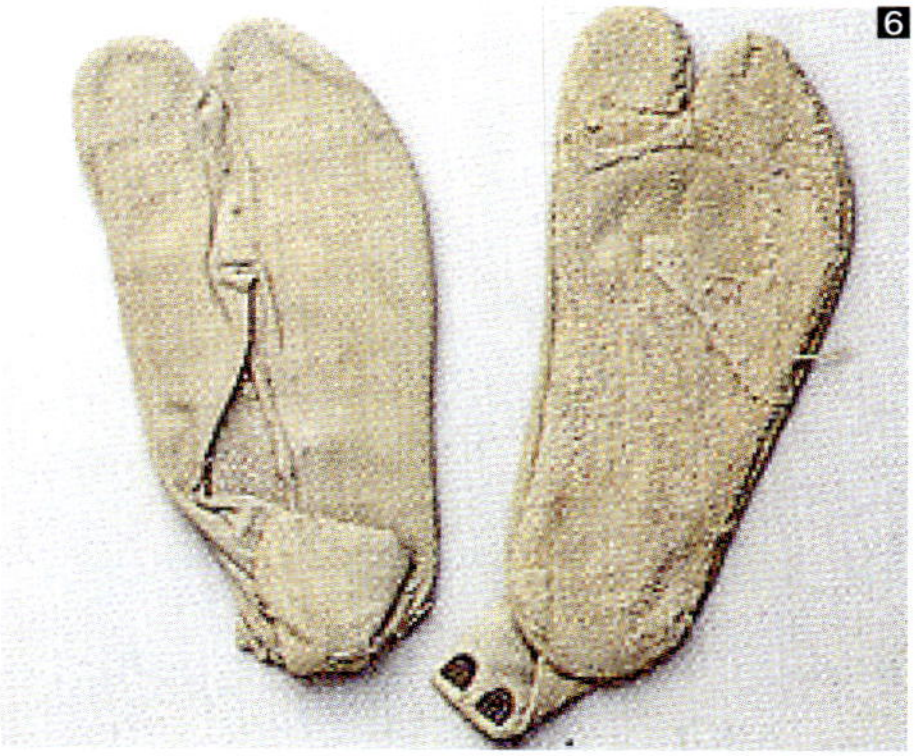

6

3・6——若いころの四三が愛用していたシャツと足袋。

4——ストックホルムオリンピックの記念祝典でスウェーデン体協・同オリンピック委員会から贈られたメダル。

5——経験に基づき、走る心得からフォーム、練習法まで細かく記した四三の著書。

7——金栗四三翁マラソン大会。(平成20年11月2日)
8——四三の思い出を語る君原健二さん。

棄権した四三は、選手生命の限界を感じ引退。昭和六年(一九三一年)には故郷熊本に帰る。すでに、兄実次も亡くなった熊本ではあるが、オリンピックの日本代表選手だった金栗四三は人気者。熊本を中心に九州各地の学校に出掛けて講演、指導とマラソンの普及に力を尽くす。

戦後は全国マラソン連盟の会長として日本中を回り、昭和二十八年(一九五三年)のボストンマラソンでは、日本チームの監督として四人の選手を率いて出場。この大会では山田敬蔵が優勝し、ほかの日本人選手も好成績を残した。西日本文化賞、紫《し》綬《じゅ》褒章《ほうしょう》、朝日文化賞などを受け、マラソンの普及と選手育成に努めた業績も高く評価される。が、おごることなく、年をとってからも地元の玉名高校を度々訪ね、生徒たちと走った。優秀なマラソン選手を育てるとともに、マラソン人口のすそ野を広げることにも努力を惜しまなかった人だった。だが、昭和五十八年(一九八三年)、九十二歳で四三のマラソン人生は終わる。

四三の死後、彼の功績を讃えて、地元で開催されるようになった『金栗四三翁マラソン大会』は、タイムを競うというより、走ることを楽しみ、老若男女が出場する地域のマラソン大会だ。平成二十年(二〇〇八年)で二十五回を重ねたこの大会に参加したことがある君原健二さん(メキシコオリンピック銀メダリスト)は、恩師が金栗四三の教えを受け、ご自身もオリンピック強化合宿で金栗に指導を受けた経験があるという。「マラソンを指導する者にとっては神様的存在の方。夢のようだった」と当時を振り返る。その君原さんも、平成二十一年(二〇〇九年)四月から北九州市立大学で教壇に立ちながら、全国を回り講演や指導に努める毎日。四三の心はいまもしっかりと受け継がれ、輪を広げている。

9——玉名市立歴史博物館こころピア／熊本県玉名市岩崎117　9:00～17:00、月曜日(祝日の場合は翌日)・祝日の翌日・年末年始休、一般300円・大学生200円・高校生以下無料　☎0968(74)3989　JR玉名駅からバスで10分「市民会館前」下車、徒歩2分。

■参考資料
『走れ二十五万キロ』(講談社)
『走ったぞ！地球25万キロ』(偕成社出版)
『それは九州に始まった②』(海鳥社)
■取材協力
熊本県立玉名高校、玉名市立歴史博物館こころピア、和水町教育委員会

1997年3月号掲載

# バッシングされた麗人 柳《やなぎ》原《わら》白《びゃく》蓮《れん》

新しい女と
勇気を讃えられる一方で、
世論のバッシングの嵐に
さらされた美貌の才女。
彼女と
彼女が絶縁状を
叩きつけた彼。
それぞれに強い個性と
誇りを持った二人の
言い分と
その後の半生。

文＝宮本まり
Text by Mari Miyamoto

1

# 美女と野獣？

その事件の第一報は、ずいぶん不公平なものだった。なにしろ薄幸のお姫さまが野卑な成金オヤジの魔手を逃れた、といわんばかりの内容だったのだから。

大阪朝日新聞が派手に発信した記事で『名門に生まれて才気煥発《かんぱつ》の美しき夫人』にして『富の力に圧しつけられた人身御供《ごくう》』と書かれたのは伊藤燁子《あきこ》。筑紫の女王とまで称され、柳原白蓮《やなぎわらびゃくれん》の名で知られた三十五歳の歌人である。

これに対し『九州福岡の炭鉱王百万長者』ではあるが『眼にほとんど一丁字ない老年の』『坑夫上がりの夫』とされたのは伊藤伝右衛門。妻燁子より二十五歳上の六十歳だった。

大正十年(一九二一年)十月二十二日。新聞を開いた読者はさぞ驚き、わくわくとその記事を読みすすんだことだろう。何しろ、富と名声と男女間のスキャンダルという、世間が野次馬的に喜びそうな要素がぎっしり詰まった物語が展開されていたのだから。

早い話が、燁子が駆け落ちしたのである。大正天皇の従妹《いとこ》にあたる名門伯爵家の娘が今でいうバツイチとなったのち九州の実業家と結婚。歌人として中央にも名を轟《とどろ》かせたが、無学粗暴で愛人を囲う夫に失望し、七歳年下の帝大出のインテリの元に真実の愛を求めて走った…というのが大阪朝日新聞が他社に先駆けてすっぱ抜いた事件のあらすじだった。

さらに同紙の夕刊には、燁子から伝右衛門に宛てた絶縁状も全文公開された。その一部を抜粋すると「…結婚当初からあなたと私の間には、全く愛と理解とを欠いてゐました。…併《しか》し私は出来得る限り愛と力とをこの中に見出し度《た》いと期待し且《か》つそれに努力しようと決心しました。…私の期待は凡《すべ》て裏切られ、私の努力は悉《ことごと》く水泡に帰しました。…極めて冷酷な態度を取られた事はよもやお忘れにはなりますまい。…併し幸いにして一人の愛する人を与えられました。私はその愛によって今復活しようとしてゐるので御座います…」

自分は頑張った。全部そっちが悪い。だから自分は真実の愛に生きるのだ、と威勢のよい啖呵《たんか》である。ところが奇妙なことにこの絶縁状は宛先の伝右衛門本人はまだ読んでいなかった。プライベートなものがまずマスコミに発表されてしまったのだ。伝右衛門の面子《メンツ》は

**1**——上流社会の女性らしく、燁子の筆さばきは見事だった。自作の歌「つらかりき　うかりきのべに　なびきあう　すすきを見てもなみだながれき」(自筆)

**2**——「良人《おっと》を捨てて、情人の許《もと》に走る」「俺は女の筆で殺された」…新聞は連日、事件を派手に報じた。

二重に丸つぶれである。

世間は当初、燁子に同情的だった。姦通《かんつう》罪という既婚女性に厳しい法律が生きていたにもかかわらず、第一報に対して新聞社に寄せられた投書の半分以上が、燁子の駆け落ちはやむを得ないと支持していた。しかしこれだけ大きなニュースになれば後追い報道も詳しい。次第に細かい事情が明らかになるにつれ、人々の反応は変化していった。

強力な反論を掲載したのは、朝日に特ダネをさらわれた大阪毎日新聞である。

## 俺にも言い分はある

『絶縁状を読みて燁子に与ふ』と題された四回に及ぶ連載は、夫伝右衛門が知り合いの記者に胸の内を吐露した形式で発表されている。こちらも抜粋すると、

「…お前が俺《おれ》に送った絶縁状といふものは未だ手にせぬが、若《も》し新聞に出た通りのものであったら随分思い切って侮辱《ぶじょく》したものだ。…(白蓮という雅号も、石炭掘りであるこの)伊藤の家の泥田の中にゐても濁りにそまぬといふ意味で付けたのだと云《い》ふ其《そ》の自尊心、俺はこの十年の間をお前のヒステリーと自尊心とでどの位苦しんだことか。…貴族の娘だ、尊敬されるのは当然だと考へてゐるが、一平民たる俺は血と汗とで今日の地位をかち得た。…叱《しか》ったり、さとしたりするとお前は虐待すると云って泣いた。…俺は成る程品行方正だとは云はない。…自覚してゐればこそ、お前が絶えず若い

男と交際し、時には世間を憚《はばか》るような所業迄も黙って見ていた。…舟《ふな》子(彼が新たに引き入れた妾とされた女性)の事でも、お前からすすめた妾ではないか。…それをお前は金力で女を虐《しいた》げると云ふ。お前こそ一人の女を犠牲にして虐げ泣かせたのではないか。…十年の夫婦生活が全部虚偽のみで送られるものでもあるまい。よく考えて見るがいい。真実嫌だったら一月《ひとつき》で去る事も出来る。何のために十年の忍従が必要だったのだ…」。論争はとかく後に出るものほど説得力がある。伝右衛門の反論は、燁子の言うところにいちいち具体的に答えた内容だったから、読者に訴える印象は強かった。

新聞社への投書は、燁子を非難する意見がどっと増えた。興味深いのは、男性優位の世情にあってつらい思いをしていたはずの女性たちに、燁子への反対者が多かったことである。バッシングにも似た様相で彼女たちは燁子に集中放火を浴びせた。

3——伝右衛門との10年の結婚生活の間に、白蓮は3冊の歌集と1冊の詩集を出版。虚実の恋と悩みの歌は大正ロマンを体現し、閨秀《けいしゅう》歌人として名を馳せた。(写真提供/福岡県立図書館)

4——50歳と25歳、花嫁を金で買ったと言われた伊藤夫妻の結婚式。

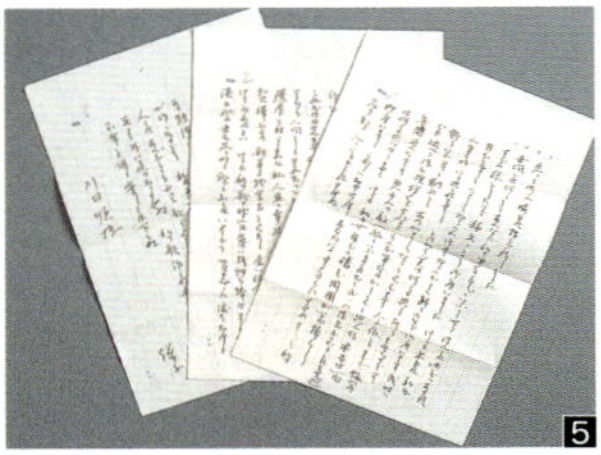

5

6

7

# 違いすぎた生い立ち

燁子は昭和四十二年(一九六七年)八十一歳まで生きた。

燁子は、生みの母から引き離されて父柳原伯爵の京都の家で育てられた幼いころから、人並みの愛情は得難い環境だった。十五歳で北小路家に嫁ぐが、子どもは生まれても母親の自覚は持てず、夫への嫌悪感ばかり強くなり実家に戻ったが冷遇の日々。唯一心が解放されたのは文学の世界だが、ロマンに憧《あこが》れる一方、現実との距離に満たされないものを抱き続けることになる。

伝右衛門は筑豊の幸袋《こうぶくろ》で貧しい魚問屋の息子として生まれた。脚光を浴び始めていた地元の炭鉱に目をつけた父とともに、身一つを資本に一歩一歩のし上がり、学問する暇などなくとも、度胸と辛抱で一代で莫大《ばくだい》な財産を築いている。背も高くなかなか堂々とした風采《ふうさい》だったとか。

結婚中の二人については「お互いにそれなりに気を遣っていたし悪意もなかったろうが、育ちの違いからくるズレは折々に感じられた」といった証言がある。内情はともあれ、燁子が白蓮の名で出版した歌集(むろんスポンサーは伝右衛門)には、人妻が本名では発表しにくかろうと思わせる奔放な歌が並んでいた。

「おそろしく恋しくかなしこの文は媚薬《びやく》のごとき香をもたしぬ」

実際、美しい彼女に言い寄る男や彼女の方から恋文めいた手紙を送った男たちは何人もいた。しかし本気で男女の関係になったのは、東京から出版物の相談に来て知り合った宮崎龍介ただ一人である。

新聞社に絶縁状を送るという派手な方法は、龍介の東大時代の友人だった記者にそそのかされた成り行きもあったが、龍介との子を身ごもったことを知った燁子が、自分の背中を押すような勇気を奮い起こした証《あかし》でもある。退路を断ったのだ。

さて、大阪毎日新聞に燁子への反論を展開した伝右衛門は、掲載を中途で打ち切るよう要請した。彼への共感を集めた内容だったが、実際の彼は済んだことを恨みがましく皮肉っぽく語るような性格ではなく、あの反論にはかなり記者の脚色が入っているといわれる。そして彼は一

5――「私の歌作らぬ幸福と、歌作る不幸を誰も案じて下さらぬ」。同門の川田順に、満たされない心を吐露した燁子の手紙。
6――別府の伊藤家別邸。燁子と龍介はここで初めて出会った。福岡の天神にあった銅御殿は、燁子の出奔直後に完成している。
7――大正天皇の生母、柳原愛子《なるこ》。燁子は愛子の姪《めい》で、大正天皇の従妹《いとこ》にあたる。
8――別府の銅御殿ホテルを訪れた龍介と燁子(昭和28年)。

9――「飯塚市歴史資料館」に常設展示された、昔の抗道作業の様子。炭鉱主と彼らの間には、まさに天と地ほどの差があった。

族を集めてこう宣言した。

「末代まで一言も弁解は無用」と。

燁子と大正天皇の関係をおもんぱかったという事情も抜きにできないが、遠賀川で育った川筋男の美意識もあったろう。

## 交わらなかった軌跡

世間体を重んじる柳原家によって一時は龍介との仲を裂かれた燁子は、関東大震災のどさくさの中で彼の元に戻り、病弱な龍介を助けて彼の社会主義活動に協力した。宮崎燁子となり、白蓮の名で文章を書いて生計を立てる生活に、かつての豪奢《こうしゃ》さはなかったが、いつも元気ではっきりものを言い闊達《かったつ》だった。苦しい人を助けるのが宮崎夫妻の信条で、家には労働者たちが大勢出入りしたという。

平成八年（一九九六年）十月、燁子と伝右衛門が暮らした飯塚市の歴史資料館で「柳原白蓮展」が開かれた。彼女の豪華な衣装などが並ぶ展示室の隣には炭鉱で栄えた町らしく、昔の鉱内労働者の姿を写した人形があった。

飯塚で金銭を湯水のように使った贅沢《ぜいたく》な暮らしをしていた間には、こうした悲惨な労働者の姿は燁子には見えなかったはずだ。しかし後半生ではそれが一転して貧しい労働者を隣人として生きるようになったのである。

逆に「石炭掘り上がり」の伝右衛門は衆議院議員を二期務め、地元の若者の教育に現在なら数億という金額を寄付して、昭和二十二年（一九四七年）に八十七歳で没した。互いに強い個性を持ち続け、最後まですれ違った二人だった。

10――旧伊藤伝右衛門邸／福岡県飯塚市幸袋300 9:30〜17:00(入館は16:30まで)、高校生以上300円・小中学生100円、火・水曜日(祝日の場合は開館)、年末年始(12月29日〜1月3日)休み ☎0948(22)9700 JR新飯塚駅下車、車で約10分。

■参考資料
『大正ニュース事典』(毎日コミュニケーションズ出版)
『白蓮自選歌集』 柳原白蓮(大鐙閣)
『荊棘の實』柳原燁子(新潮社)
『白蓮〜娘が語る母燁子 宮崎蕗苳《ふき》』宮嶋玲子
■協力 宮崎蕗苳、飯塚商工会議所、瀬下麻美子
■撮影協力 飯塚市歴史資料館、福岡県立図書館
■写真協力 諫山茂樹、安楽寺、砂田光紀

1997年10月号掲載

## 九州の鉄道黎明《れいめい》期を支えた二人

# 高《たか》橋《はし》新《しん》吉《きち》とヘルマン・ルムシュッテル

移動手段として
馬か船しか知らなかった
幕末の日本人にとって、
「鉄道」は
最先端の
文明そのものだった。
九州に鉄道を――
熱い思いを胸に
鉄路建設に奔走した
男たちの足跡をたどってみよう。

■高橋新吉。新しいことに意欲的な反面、薩摩隼人らしく謹厳実直で信義に厚かったといわれる。

文＝牛島千絵美
Text by Chiemi Ushijima

# 「九州に鉄道を！」

日本に初めて鉄道が敷設されたのは明治五年(一八七二年)、新橋―横浜間のことである。当時の鉄道事業は国益増進の要《かなめ》。天皇陛下の臨御を仰いでの華々しいスタートだった。

これは九州にとっても大きなニュースだった。大陸との関わりが深く、これまでも海外のあらゆる技術や文化といち早く接してきた九州。鉄道に関する知識も、日本国内で最初にもたらされたのは九州だ。

幕末の長崎に来航したロシア軍艦の艦上で実演された模型蒸気機関車の運転は、列席した諸侯に衝撃を与えた。中でも鍋島直正率いる佐賀藩は、蒸気車に熱意を燃やし、自分たちの手で模型を作ることに成功した。

さらに、それから十年後、イギリス人商人グラバーにより長崎の大浦海岸で蒸気機関車が運転された。これは、日本で運転された鉄道車両の最初の記録である。しかし、先人たちの努力はいずれも実用に至らず、鉄道に関しては後発にまわってしまった。

鉄道開通以来、政府の路線拡大への意気込みは大きかったが、その後の事業は遅々として進まなかった。業を煮やし、岩倉具視《とも み》らが鉄道運営に乗り出そうと明治十四年(一八八一年)に民営の日本鉄道会社を設立。二年後には上野―高崎間を民営一号の列車がスタートし、その後も政府運営とは比較にならない勢いで運転距離を延ばしていった。これに刺激を受け、日本全国の実業家たちが鉄道運営に乗り出そうとした。

門司―博多―熊本という重要ルートに本格的な鉄道を敷設したい九州も例外ではなかった。明治十六年（一八八三年）には、福岡県令（当時の県知事）から工部省佐々木高行宛に上申書が提出されている。しかし、井上勝《まさる》鉄道局長官を急先鋒とする幹線官設主義の壁に阻まれ、許可を得ることはできなかった。しかし、県令も着々と懸案を推進。明治十九年（一八八六年）に再び提出した上申書に総理大臣伊藤博文が許可の方針を示したため、幹線官設の方針を捨て切れない井上長官も同意しないわけにはいかなかった。

明治二十年（一八八七年）、福岡、佐賀、熊本三県の県令の呼び掛けで九州鉄道創立委員会を設立。実際には、同時期に民設許可を申請していた長崎県も加えた四県有志の合同によって九州鉄道会社が設立され、同二十一年（一八八八年）免許状が下付された。この九州鉄道会社の初代社長に任命されたのが高橋新吉だった。

1――わが国初の蒸気車模型(レプリカ)。(写真提供／佐野常民記念館)

## 官僚の座を捨て、鉄道事業へ

高橋新吉は、天保十四年(一八四三年)薩摩藩医師高橋良顕《よしあき》の次男として生まれた。姉二人を含む七人兄弟で、下級医師という家柄、暮らし向きこそ楽ではなかったが、洋学を奨励する藩主の薫陶を受け、早くから洋学を志す。保守的だった父親は猛反対するが、決意は固く、慶応元年(一八六五年)二十二歳で長崎の英語塾に入門を果たした。

ここで、高橋新吉は学友前田正名らとともに『和訳英辞書』(通称『薩摩辞書』)の出版という偉業を成し遂げている。

当時使われていた英和辞書は幕府の開成所が編纂《へんさん》した『英和対訳袖珍《しゅうちん》辞書』で、語彙《ごい》は少なく、訳し方も拙《つたな》かった。並々ならぬ苦労を強いられての出版ではあったが、この辞書が後世に残したものは大きい。また、この辞書の販売をきっかけに、後に首相、蔵相となる松方正義や大隈重信、後の三菱財閥創始者岩崎弥太郎、大阪造幣寮幣頭井上勝造など、彼の後世の業績を支える多くの知己を得ることもできたのである。高橋はこの辞書の出版によって手にした金で、念願だったアメリカ留学を実現する。明治四年(一八七一年)、二十八歳だった。

帰国後の高橋は松方正義の働き掛けにより大蔵八等出仕を拝命し、長崎税関に勤務。そこでの目覚ましい功績が認められ、長崎税関長、神戸兼大阪税関長を経てニューヨーク領事を命じられるまでになった。

明治十四年十二月から十九年三月までのニューヨーク領事時代は、高橋にとって充実の時代だった。彼は日本からの輸出貿易振興に力を注ぎ、多大な功績を残す。同時に、日本から視察に訪れる実業家や商人、技師たちの案内役も精力的に務めた。中でも熱心だったのが鉄道視察だ。当時のアメリカは大陸横断鉄道をはじめ国内鉄道網の敷設が進み、人や物が大量に行き交い、国全体が活気づいていた。日本の今後の産業振興のためにも鉄道の必要性をだれよりも強く実感していたのだろう。ニューヨークを訪れる政治家や実業家を鉄道施設に案内し、その必要性を力説する彼の姿がたびたび見られた。

両毛《りょうもう》鉄道の重役、九州鉄道、関西鉄道の常議員なども務め、国内鉄道の発展に大きく貢献した今村清之助は、自身の自伝の中で、ニューヨーク滞在中に高橋と会い、その熱意と説得から鉄道事業が有益であることを確信したと記している。

ニューヨーク領事として十二分な業績を残したにもかかわらず、帰国後の高橋に用意されていたのは農商務省商務局長の席だった。このポストへの不満と

2

2——九州鉄道で最初に走った機関車・九鉄1形1号機と職員たち。機関車はドイツのホーヘンツォルレルン社製であった。

3

4

同時に、鉄道事業への思いは熱くなっていくばかりだった。当時は官僚が自ら経営に関わることなど皆無だった時代。それでも、鉄道事業への夢は捨て難かった。彼は九州鉄道の社長になるべく、水面下で伊藤博文や松方正義に強訴し、農商務省を退官。明治二十一年(一八八八年)、九州鉄道社長に就任する。

それからの彼は水を得た魚のようだった。九州四県の創立委員六十人を召集し、創立規約などを議定。この年の十一月に、ドイツ国鉄の技師ヘルマン・ルムシュッテルが招聘《しょうへい》されている。

## ドイツ式を採用した九州鉄道

日本第一号の官営鉄道はイギリス人技師を、次いで明治十五年(一八八二年)に開通した北海道鉄道はアメリカ人技師を採用した。九州鉄道がどんな理由でドイツ式の技術を採用するに至ったかは定かでない。

が、当時、鉄道先進国といわれていたイギリスの技術を凌駕《りょうが》するほどドイツの技術は進んでおり、その水準の高さは世界的にも認知されていたといわれる。海外の事情に詳しかった高橋はそんな状況をいち早く察知し、ドイツ式の採用を決断したのではないだろうか。もちろんその裏側に、一歩先を行く本州や、北海道の鉄道への対抗心が少なからずあったとしても不思議はない。

こうした事情から九州鉄道で初めて使った蒸気機関車も、車両も、レールも、すべてドイツ製でのスタートだった。そしてルムシュッテルは、技術だけにとどまらず、経営面においても高橋の絶大な信頼を得ていたようだ。

ルムシュッテルは、弘化元年(一八四四年)、プロシア(現・ドイツ)のトリエルで生まれ、十六歳から三年間をコブレンツの州立工業学校で、またその後の三年間をベルリンのプロシア工芸学校で学んでいる。ベルリン鉄道局やザール鉄道の建設に従事した後、ドイツ鉄道会社に入社。資材から建設まで知識も広く、鉄道が大きな武器になったといわれた普仏戦争や普墺《ふおう》戦争での従軍経験の持ち主でもあった。

九州鉄道会社設立後、門司―八代のほか、佐世保や長崎、行橋方面などを十三の工区に分けて着工する予定であり、明治二十一年九月からは門司―遠賀川、遠賀川―博多、博多―久留米、高瀬(玉名)―熊本を同時着工する予定だった。しかし、金融事情が悪化し資金繰りが困難になったため、沿線の人口や物資流通が豊かで、工事も比較的容易な博多―久留米間のみの着工が決まった。四県合同事業だけに他地区から抗議の声が上がるのは必至と思われたが、高橋は各地区を奔走し、実状の説明、説得を繰り返し、着工に漕《こ》ぎ着けることができた。

3――初代博多駅。九州鉄道の博多―久留米千歳川間開通と同時に開業した。(『写真集・福岡100年』より)

4――九州鉄道解散記念絵はがき。

5――明治22年(1889年)、博多仮本社前での記念撮影。最下段の左から8人目が高橋新吉、その右がルムシュッテル。

6――昭和35年(1960年)以来、博多駅から九州鉄道を見守り続けているルムシュッテルのレリーフ像。現在は博多駅工事のため取り外され、平成23年(2011年)春の新博多駅開業時に再度掲出予定。

7――JR二日市駅のホーム。最下段の煉《れん》瓦《が》積みは明治22年(1889年)開業当時に「低床」と呼ばれたドイツ式のもの。以降、汽車、列車に合わせてかさ上げされ、現在の高さになった。

## 苦難の中、走り始めた列車

こうして九州の鉄道会社は設立以来難関続きのスタートとなり、社長の高橋が東奔西走する中、黙々と準備を進めていったのがルムシュッテルだった。苦労を重ね、ようやく博多―久留米間のレール敷設準備がほぼ完了した明治二十二年(一八八九年)七月、折からの集中豪雨が筑後川の橋梁《きょうりょう》工事を襲った。こんな事情から、川の手前に千歳川という仮駅を設け、同年十二月十一日に開業を迎えた。祝賀会は熊本まで開通してからと、目立つ祝賀行事もないままのスタートだったが、高橋とルムシュッテルにとってはどれほど感慨深い日となったことだろう。この日から、博多―千歳川を片道一時間二十三分かけ、三往復の汽車が走り始めた。

ルムシュッテルは在職中に九州ばかりでなく、四国の別子鉄道と新橋駅・東京駅間の高架鉄道を設計。五年間九州鉄道の技術顧問を務めた後に、ドイツ公使館の顧問技師を務め、明治二十七年(一八九四年)に帰国した。

高橋新吉は、その後も続いた経済不況や窮地にも屈することなく同二十四年(一八九一年)に門司―熊本間、鳥栖―佐賀間を開業。同二十七年の日清戦争勃《ぼっ》発《ぱつ》からは軍需景気が高まり、高度成長の兆しが見える中、三十一年(一八九八年)には筑豊鉄道との合併をまとめ、新会社を発足させた。二十九年には南は八代、西は長崎まで開通、営業距離も四百五十四キロメートルを達成したのを区切りとし、三十二年(一八九九年)、社長の座を副社長だった仙《せん》石貢《こくみつぎ》に譲る。ときには自分の給料の四分の三も返上し、九州鉄道の発展に力を尽くした十年間だった。


■参考資料
『九州の鉄道』(西日本新聞社)
『博多駅史　85年のあゆみ』(博多駅85年史編纂委員会)
『日本史小百科　近代鉄道』(東京堂出版)
『日本の鉄道全路線7 JR九州』(鉄道ジャーナル社)
『九州の鉄道100年』(吉井書店)
『九州の鉄道100年記念誌　鉄輪の轟《とどろ》き』(JR九州)
『財界九州』’95年6月号～8月号(財界九州社)

1998年2月号掲載

# 日本の空の開拓者
# 後《ご》藤《とう》勇《ゆう》吉《きち》

宮崎県延岡市で生まれ育った後藤勇吉は、日本の航空史の草創期に大空を自由に駆け回った。次々に新たな記録や冒険に挑戦する一方、飛行機の可能性を探り、未来へと夢をつないだ人だった。

文＝牛島千絵美
Text by Chiemi Ushijima

# 飛行機への憧れ

後藤勇吉は、明治二十九年(一八九六年)十一月十二日に、宮崎県延岡市南町に生まれた。父は後藤吉太郎、母はチカ。勇吉は四男三女の七人兄弟の四男で、山産物の販売や醤油《しょうゆ》醸造業を営む家は極めて裕福だった。

子どものころから機械に興味を持ち、旧制中学に入るころには見よう見まねで図面を引き、蒸気機関付きの精米機や水上自転車などを作って周囲を驚かせ、延岡に三台しかないオートバイの一台を乗り回していた。野球では延岡中学のレギュラー選手。機械いじりだけでなく、運動神経もなかなかのものだったらしい。

飛行機に興味を持ったのもこのころだ。ライト兄弟が人類初の飛行に成功したのが明治三十六年(一九〇三年)。東京や大阪では海外の飛行士による公開飛行や曲芸飛行に大勢の人が集まり、模型飛行機のおもちゃが売り出されたころだったが、九州の地方都市延岡には何の情報も入ってこなかった。東京の慶應義塾大学に通っていた兄たちが情報源だったのだろうか、ときには飛行機の専門誌を送ってもらっていたらしい。二年生のときに、手製の双発模型飛行機を手にした写真も残っており、飛行機への興味や熱意が並々ならぬものだったことがうかがえる。飛行機の勉強をするためにアメリカへ留学したいと言い出し、両親を困らせたこともあった。

父は旧制中学卒業後は機械への興味を生かし、工業関係の学校への進学をすすめたが、勇吉の気持ちは飛行機一筋。兄たちにも頼んで飛行機の将来性などを話し、父の説得を試みた結果、まず、自動車を研究するということで話は落ち着き、大正三年(一九一四年)、旧制延岡中学校卒業と同時に上京。三井物産機械部の自動車工場(後の梁瀬《やなせ》自動車会社)で無給の工員として働くことになる。朝六時から夜八時まで、十七歳の勇吉は本当に熱心に働いたが、飛行機への情熱は褪《あ》せることはなく、アメリカの飛行士が曲芸飛行するときの無給の助手に志願したりして、着実に飛行機の夢へと近づいていった。

3

翌年には同社を退職し、初期の民間飛行家である白戸榮之助の助手になる。当時、日本にはほんの数名しかいなかった飛行家は、操縦するだけでなく、飛行機づくりにも関わっていた。のちに飛行機の開発に移って活躍した飛行家もいた。

　助手になったからといってすぐに飛行機に乗れるわけではない。手取り足取り飛行技術を教えてくれるはずもない。職人に弟子入りしたようなもので、先生の雑用をこなしな

1——明治43年(1910年)、自作のゴム動力双発模型飛行機を手にした勇吉。
2——昭和2年(1927年)に取得した一等飛行機操縦士免状と一等飛行機操縦士技倆證明書。
3——大正5〜6年(1916〜1917年)ごろ、独力の飛行訓練。後方に大勢の見物人も見える。

4

5

がら、技を盗まなければならなかった。

大正五年(一九一六年)五月、白戸榮之助は日本最初の複葉水上飛行機の製作を依頼し、「巌《いわお》号」と命名。これを使って日本各地で飛行大会を開催したが、途中で機体が故障。飛行大会の開催を巡って主催者と裁判沙汰となってしまう。飛行大会は頓挫し、大会のために結成された飛行団も解散、勇吉は帰郷する。

## 延岡に飛行機現る

白戸の助手として飛行大会に参加していた勇吉にすれば、飛行機がこのまま使えなくなることは惜しくてしかたない。勇吉は、巌号のエンジンの所有者で、裁判を起こした梅田勇蔵と交渉し、四百円で貸与するという約束をとりつける。当時の四百円といえば、家が一軒建つほどの金額、勇吉がそんな大金を持っているはずはない。結局、四百円を出したのは、父の吉太郎だった。

こうして巌号は門《かど》川《がわ》村(現・東臼杵郡門川町)の尾末海岸に運ばれ、草川小学校前の浜に作った格納庫に収められた。勇吉はここで、巌号を使って独力の飛行訓練を始める。

まだ鉄道が通ってもいない延岡に、いきなり飛行機がやって来たのだから人々の驚きは並ではなかった。海岸で飛行訓練する勇吉のまわりは連日黒山の人だかり。友人をはじめ、近所に住む青年たちも飛行機を運ぶ手伝いをしてくれるなど、地域を上げての飛行訓練だった。

しかし、エンジンを始動し、海面を滑走しても巌号は一向に浮上しなかった。半月たっても、一カ月たっても浮上しない飛行機に手を加え、滑走や操縦にも試行錯誤した結果ようやく巌号は浮上。勇吉の日記によると、「十一月二日、最初の直線飛行成功」となっている。が、これだって奇跡に近い。何しろ、飛行家の助手をしていたとはいえ、それまで勇吉自身は一度も飛行機に乗ったことはなかったのだから。

翌年上京した勇吉は、できたばかりの日本飛行学校の指導に関わりながら、帝国飛行協会が募集していた陸軍依託操縦生を目指した。百倍を超す倍率を突破して合格した勇吉は、本格的に航空学を修め、飛行訓練を受ける。すでに独力で飛行訓練を行ってい勇吉の成績は優秀だった。

6

勇吉は技師としてとくに協会に残され、三年間、練習生の指導に当たることになったが、早々にこれを辞任し、日本飛行機製作所へ入社。最新式の優秀な飛行機を作るためのテストパイロットを目指す。このころから、勇吉は飛行機業界の未来を見通して行動していたように思える。

4——大正11年(1922年)、日本最初の旅客輸送。右から2人目が勇吉。
5——勇吉の直筆による日本一周の際の飛行計画書。
6——大正12年(1923年)、母を同乗させて飛んだ第2回郷土訪問飛行。

7

8

大正九年(一九二〇年)、父から五千円という大金の援助を得て「富士号」を完成。この飛行機を駆って出場した帝国飛行協会主催の第一回懸賞飛行大会で優秀な成績を収める。とくに高度飛行の部門で一位を獲得、高い評価を受けた。また、京都—大阪間の郵便宣伝飛行も行っている。勇吉はその後、全国各地で開催される飛行大会の常連となる傍ら、テストパイロットとして新しい飛行機の開発にも貢献している。

わが国に航空法が公布された大正十年(一九二一年)、勇吉に日本人最初の「一等飛行機操縦士」の航空免状が交付された。勇吉にとって待望の資格だった。

平和記念東京博覧会を記念し、各務ヶ原(岐阜県)—代々木(東京)間の日本最初の旅客輸送に成功した大正十一年(一九二二年)には、キクヨ夫人と結婚。このころのパイロットは国民的な人気者で、雑誌『現代』の運動界の飛行部門では、堂々、人気投票の一位に輝いている。もちろん結婚も当時の大ニュースで、新聞各紙が大々的に報道、中には二人のロマンスを物語仕立てにして掲載したものもあった。

## 空に生き、空に散る

結婚の翌年にも勇吉にとって忘れられない出来事があった。四月に第二回郷土訪問飛行をするが、その延岡大会で母チカを同乗させたのだ。このときの同乗者はとくに決まっていなかったが、呼びかけた友人知人がみな尻込みする中、チカだけは臆することもなくニコニコと同乗し、飛行後も顔色ひとつ変えず満足げだったという。このとき、父の吉太郎も同乗をすすめられたが身体の不調を理由に断ったとか。勇吉の度胸のよさは、どうやら母親譲りだったらしい。後年、飛行家になって最も愉快だった飛行を尋ねられ、「母を同乗して飛んだときくらいうれしかったことはない」と、明言したという。

このころ、勇吉は航空輸送事業確立のための空路調査に熱中していた。見せ物ではなく、旅客輸送、貨物輸送など、飛行機の可能性をさらに広げてゆくためだ。大正十二年(一九二三年)には、定期航空輸送事業を目指した日本航空株式会社の設立に参加。同年に起きた関東大震災では、陸・海軍機に混じって民間機も活躍。郵便飛行を連日行い、六万通もの郵便物を運んだ。

大正十三年(一九二四年)、勇吉は、国産飛行機の耐久試験と航空思想の普及を目的とした日本一周飛行という大事業に挑む。日本航空株式会社と毎日新聞社が共同で主催したもので、大阪を出発し、宮崎県の門川、鹿児島、福岡、金沢、八郎潟、湊、霞ケ浦、清水、四日市を経て大阪に帰着するという九日間の日程は、日本人にとって初めての挑戦だった。この大冒険は日本

9

7――日本一周を終えてメンバーと。左から2人目が勇吉。
8――日本一周の際に使ったのは、大阪毎日新聞社の「春風号」だった。
9――太平洋横断無着陸飛行計画に使用されるはずだった「桜号」。

10――勇吉の生誕地、延岡市南町に立つ生誕の碑。
11――勇吉の長男、故高行氏。自身も飛行機を操縦した。

中の注目を集め、連日新聞をにぎわせた。この成功により、日本製の飛行機の質の確かさが示されるとともに、勇吉の飛行技術への評価もさらに高まったのである。

この後も海外輸送航路開拓のために忙しく飛び回る日々が続く。大正十五年(一九二六年)の大阪―京城―大連の航空輸送航路は、飛行計画全般を監督指導。京城から約千通の郵便物を大連まで運び、日本航空史上初の海外郵便物空輸を実現した。また、昭和二年(一九二七年)には、郷土の発展のため、日向カボチャを大阪へ空輸。これが日本初の生鮮農産物の空輸だった。

同じ年には、ようやく施行された航空法のもとで、一等飛行機操縦士第一号と一等航空士第二号の免状が交付される。勇吉は、当時二二八人いた民間航空の操縦士の第一人者であり続けた。

同じ年に届いた「アメリカのリンドバーグ機、大西洋横断飛行に成功」の一報が、勇吉の冒険心に火をつける。「次に挑むのは太平洋横断飛行だ」。

だが、横断飛行のメンバーも決まり、飛行訓練中だった昭和三年(一九二八年)二月二十九日、大村海軍航空隊を飛び立った訓練機は、霞ヶ浦への途中、佐賀県藤津郡七浦村(現・鹿島市)上空で墜落発火、三名の飛行士の中で勇吉だけが焼死した。享年三十三。

このとき四歳三カ月だった子息の高行氏(故人)の父親像は、勇吉を知る多くの人々から伝えられたものだという。「冒険心が強い反面、慎重で、縁起も担いだそうです」。仏滅や三隣亡には決して飛行機には乗らない。そのはずだった父が空に散った日は、奇しくも仏滅の三隣亡だった。

■参考資料
『空の先駆者　後藤勇吉』(後藤勇吉延岡顕彰会)
『後藤勇吉の記録』富永寿夫編(夕刊ポケット新聞社)
『We　love 九州　それは九州に始まった！』FNS九州編(海鳥社)

■協力
延岡市 内藤記念館(1～9の写真・資料所蔵)

1998年6月号掲載

# 信仰と奉仕に生きた日々
# ハンナ・リデル エダ・ハンナ・ライト

明治の半ば、
イギリスから海を越え、
熊本にやって来た
リデルとライト。
信仰を支えに、
生涯をかけて
ハンセン病患者の
救済に力を尽くした
二人の英国人女性は
いまも静かに
この地に眠る。

■ハンナ・リデル(1855〜1932年)[右]とエダ・ハンナ・ライト(1870〜1950年)[左]。

文＝中村ひろみ
Text by Nakamura Hiromi

1——リデル、ライトの愛用品。旅行カバンはライトが国外追放になったときにも使われた。

2

3

## 桜の下で患者たちと出会う

熊本で"セイショコさん"といえば、加藤清正のこと。清正を「郷土の英雄」とする熊本県人にとって、聖地ともいうべき場所がある。清正の菩提寺《ぼだいじ》、本妙寺《ほんみょうじ》だ。明治二十四年(一八九一年)、熊本に赴任し、その後半生をハンセン病患者の救済に捧げたイギリス人女性ハンナ・リデルが見た、当時の本妙寺の風景はこうだ。

「道路の両側には三、四町も続いて桜の花が今を盛りと咲いている。…花の下には何者があるかと見ますれば、それは此《こ》の上もない悲惨な光景で、男、女、子供の癩《らい》病人が幾十人となく道路の両側に蹲《うずく》まって居まして、或《あるい》は眼のなき、鼻の落ちたる、或は手あれども指なく、足あれども指が落ちて居ると申すような次第で…そんな人々が競ってあわれみを乞《こ》うて居ました…」(内田守編『ユーカリの実るを待ちて』)

宣教師として熊本に赴任したばかりのリデルが、五高(現・熊本大学)教授らと花見に出掛けたときの出来事だ。

この衝撃が、リデルをハンセン病患者の救済へと邁進《まいしん》させることになる。

## 清正公信仰とハンセン病

明治時代、ハンセン病医療に大きな役割を果たしたのが民間の宗教団体だった。中でもキリスト教団体の活動はめざましく、布教活動という枠を超えた奉仕活動として積極的にすすめられた。

ハンセン病に対しては、前世の罪に起因する「業病《ごうびょう》」といった差別感が長くつきまとった。神にも仏にも見放されたかのような無縁の存在。奇跡の対象として聖書の中でも扱われた。リデルが初めて患者たちを見たとき、「バイブルにある病が、日本には生きていた!」と、素直な驚きを語っている。

熊本では近世以来、心身にハンディを負った者たちの守護聖人として清正公があがめられ、無縁の者たちが身を寄せる〝アジール〟(公権力の及ばない神聖な場所、避難所)として、本妙寺には多くのハンセン病患者たちが集まってきた。

清正公信仰が根付く熊本に、リデルは新たな医療概念をもたらす。その活動は明確な医学的知識に基づくものだった。

「業病」のメッカ熊本は、次第に近代的なハンセン病治療の中心地へと脱皮していった。

2――リデルが初めてハンセン病患者を見た本妙寺の石段。写真はほぼ同時期に撮影されたもの。(写真提供/富重写真所)
3――リデルの書き込みがある祈祷書『日々の光』。4月3日のページには、初めてハンセン病患者を見た驚きと決意とが記されている。
4――設立当時の回春病院。施設内は車椅子のためのスロープなど、バリアフリーの先駆的な試みがみられる。(写真提供/富重写真所)

# リデル日本へ、熊本へ

ハンナ・リデルは一八五五年、ロンドン郊外のバーネットで生まれた。聡明《そうめい》で、夢見る少女だったリデルは、陸軍武官だった父親にインドでの軍隊時代の思い出話をせがんでは、遠い異国へと思いを馳《は》せた。

三十代のときに両親を相次いで亡くしたリデルは、教師として、一家を支える生活を続けていたが、厚い信仰心を両親から受け継いだ彼女は、いつの日か、宣教師として海外で布教活動に従事したいと願っていた。幼い日、父から聞いた異郷への憧《あこが》れも、残像としてあったのだろう。

一八九〇年十一月十四日。蒸気船デンビーシャー号はサザンプトンを出港し、日本へと向かった。ハンナ・リデル、そのとき三十五歳。大柄で、目鼻立ちはくっきりと整い、堂々としたその姿からは、自信と意欲がみなぎっていた。

# ハンセン病救済病院の設立へ

宣教師として熊本にやってきたリデルは、五高の生徒たちに英語を教えながら布教活動を始めた。

そして、本妙寺での運命の出会いからわずか数カ月。リデルの行動は早かった。

まず、本妙寺の近くに臨時救護院を作り、本格的な病院建設に着手する。資金はイギリス本国の知人の援助と私財があてられ、敷地は五高に近い立田《たつだ》山《やま》山《さん》麓《ろく》が選ばれた。

明治二十八年(一八九五年)十一月十二日に開設された病院の名前は、リデルの発案により「回春病院」、英語で「Resurrection of Hope」(希望の復活)と名付けられた。

しかし、病院運営は決して順風満帆とはいえなかった。日露戦争のころにはイギリスからの送金も滞り、三千円という多額の借金を抱える。この窮地に、リデルは本領を発揮する。直談判で各界の有力者たちを回り、支援を取り付けたのだ。大隈重信、渋沢栄一…当代一流の名士たちがリデルに協力を約束した。

東京での講演会の席上、リデルは、「日本が駆逐艦一隻分の資金を患者たちのために回してくだされぱよいのです」と訴え、政府要人の心を動かした。

やがて「らい予防法」発布。ハンセン病研究のための予算がつき、リデルの医療活動への財政援助が動き始めた。

5——園内で過ごす患者たち(大正年間)。当時病院にはテニスチームなどもあった。

6——明治39年(1906年)藍綬褒賞を受けたときのリデル。来日以来15年目の栄誉だった。(写真提供/富重写真所)

7——明治33年(1900年)のエダ・ハンナ・ライト。繊細で優しげな風情は伯母のリデルと対照的。(写真提供/富重写真所)

8

# 英国風の暮らしの中で奉仕活動

リデルは患者を「私の子どもたち」と呼んで、慈《いつく》しんだ。病院内には英国風の庭園や日時計があり、修道院のような雰囲気だった。清潔で快適な病室や、家庭的な雰囲気をリデルは何より大切にした。

クリスマスには一人ひとりにプレゼントが配られ、患者たちは日々ゲームやスポーツ、音楽を楽しみ、仕事や手作業を日課としていた。

リデルは医学面での研究にも着手した。敷地内に白亜の研究所を設立。そこには当時五高の学生だった宮崎松記《みやざきまつき》も加わっていた。宮崎は後に国立診療所・菊地恵楓園《けいふうえん》園長として、ハンセン病の治療と研究に献身した。

# ライト、リデルの心を受け継ぐ

リデルの姪《めい》、エダ・ハンナ・ライトが伯母を助けるために来日したのは、回春病院設立の翌年のことだった。

リデルとライト。二人は対照的な個性をもっていた。リデルは豊かな体格と貴婦人然とした重厚さで周囲を圧倒し、交渉事にも長《た》けていた。かたやライトは、ほっそりと小柄で、もの静か。周囲の人たちを包み込む優しさにあふれていた。

ライトはいつも普段着のまま患者たちの部屋を訪れ、手を触れて話し掛けた。「なんて優しい方だろう」。涙を浮かべる患者たち。ある患者は二人を花に見立て、ハンナを大輪のバラ、ライトを楚々《そそ》としたスミレと呼んだ。

最愛の後継者を得て安心したかのように、リデルは昭和七年(一九三二年)二月三日、成功と名誉の内に他界する。

やがてスミレの花に、逆境が訪れる。

昭和十年代、日本は戦争へと転がり落ちてゆく。軍靴の音高く、ライトの周囲にも暗雲が垂れ込める。病院内に特高刑事が入り、スパイ容疑で捜索を受けた。

そして昭和十六年(一九四一年)。奇しくもリデルの命日に、病院は閉鎖に追い込まれる。新しい収容先へと向かうトラックに乗せられた患者は、こんな光景を記憶している。

「車が動き出したときです。ライトさんが、『ごめんなさい、ごめんなさい』と泣きながら、トラックにしがみつかれ、それを引きずるように車は走り出しました。私たちは賛美歌を歌い続けました」

「初めてハンセン病患者を見た」というリデルのメモに始まり、それを引き継いだライトの昭和十六年二

8——回春病院内のハンセン病研究所。左端が五高時代の宮崎松記。リデル、ライトの薫陶を受けた宮崎は、後にインドでの救済活動にも取り組む。
9——昭和23年(1948年)、再び熊本に帰ってきたライト。左の出迎えている人物は宮崎松記。ライトはこのときすでに78歳になっていた。

10――回春病院跡地の小高い丘に立つ納骨堂。患者たちと共にリデルとライトもここに眠っている。

11――1919年(大正8年)建造のハンセン病菌研究所は、現在、「リデル、ライト両女子記念館」として一般公開されている。平成19年、登録有形文化財に指定。熊本市黒髪5-23-1 9:30～16:30、入館無料、月曜(祝日の場合は翌日)・年末年始休館☎096(345)6986 JR上熊本駅から車で10分。

月三日の「政府はわたしから親愛なる患者を奪い去った。そして病院は空になった」というメモで、戦前の回春病院の歴史は閉じられる。

## ライトのバラ、今も咲き匂《にお》う

「リデル、ライト両女史記念館」は、昭和十六年に閉鎖された回春病院の敷地跡に建っている。緑深い静けさは当時のままだ。

「この辺りは町中より二、三日は桜の開花が遅いようです」。女性職員が窓の外の見事な桜を眺めながら言った。

ハンナ・リデル、エダ・ハンナ・ライト。日本のハンセン病救済運動の先駆者二人の人生は信仰の力に支えられ、国境、宗教、そして戦争の悲劇をも乗り越えた。

「リデルは太陽、ライトは月」。二人はそれぞれ異なる個性を発揮し、互いに支え合った。記念館に残る二人並んだ写真は、ただ静かにほほえんでいる。

「桜が終われば、黄色いつるバラがいっぱい咲きますよ」

藤本桂史さんが見上げる先には、まだ固い蕾《つぼみ》の"ライトのバラ"が揺れていた。

「ほらトゲがないでしょう?」

ライトはいつも患者のことを考えていた。「日本に帰ってくるときも、トゲのないバラを選んで持ち帰ったのでしょう」

オーストラリアへ国外追放されたライトは、戦後、再び愛する患者たちの元へ帰ってきたとき、すでに七十八歳になっていた。そして一年八カ月後、"ふるさと"熊本で苦難の生涯を閉じる。最後に残されたメモにはこう記されていた。

「私の一生は神様のお恵みにつつまれて、大変幸せな生涯でした」

■参考資料
『ハンナ・リデル～ハンセン病救済に捧げた一生』ジュリア・ボイド(日本経済新聞社)
『日本の土に～リデル、ライト両女史の生涯』澤正雄(キリスト新聞社)
『愛と奉仕の日々～リデル、ライトの足跡』(リデル・ライト両女史顕彰会)
『ユーカリの実るを待ちて』リデル・ライト記念老人ホーム、『ラフカディオ・ハーンの耳』西成彦(岩波書店)
■取材協力　社会福祉法人リデルライトホーム、藤本桂史(リデル、ライト両女史記念館前館長)
■写真協力　富重写真所

1998年11月号掲載

# 観光地別府の未来を描いた男 油《あぶら》屋《や》熊《くま》八《はち》(上)

いまも別府で語り継がれる
伝説の人・油屋熊八。
明治・大正・昭和を生き、
人を驚かせる
アイデアにあふれ、
思いついたらじっと
していられない行動派。
波瀾万丈の人生を送った男が、
四十九歳からの人生を賭けたのは、
別府観光の未来像を描き、
実現していくことだった。

文＝牛島千絵美
Text by Chiemi Ushijima

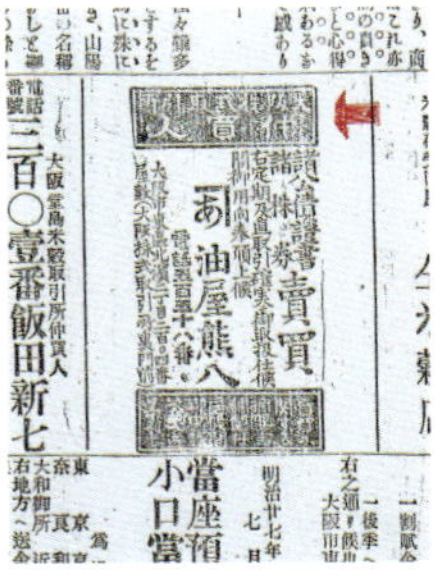

1

# 油屋熊八がやって来た

日本を代表する温泉観光都市として、国内はもちろん、世界中から大勢の人々が訪れる大分県・別府。いで湯の歴史は古く、『豊後国風土記』にも別府の湯に関する記述が見られる。本格的に開発が始まったのは鎌倉時代といわれ、江戸時代になると泉質の良さから、湯治場として次第に活気を帯びていった。とはいっても、大きな港もなく、周辺を山に囲まれたひなびた農漁村といった風情だった。明治四年(一八七一年)に別府港が竣工《しゅんこう》、明治六年(一八七三年)に蒸気汽船の乗り入れが始まってからは、それまでにない湯治客が押し寄せ、別府の町にも旅館街が整備され始めた。まだ荒削りだが、可能性をいっぱいに秘めた土地だった。

明治四十四年(一九一一年)、くたびれた洋装の男がフラリと別府へやって来た。ツルリとはげ上がった丸顔に丸眼鏡の、どこかほほえましく親しみやすい様相だった。男の名は油屋熊八。別府とは縁もゆかりもなかった熊八が、この地を訪れるのには訳があった。

熊八は文久三年(一八六三年)、愛媛県宇和島の大きな米問屋の長男として生まれた。姉二人、弟一人の兄弟にも恵まれたが、いずれも夭折《ようせつ》で、彼は十五歳から父を助け、家業に専念した。夜が明ける前から深夜まで、熱心な働きぶりは評判になるほどで、このころの労働の成果として一升枡《ます》を持ち運んだ右手は体に不釣り合いなほど大きくなった。

明治二十一年(一八八八年)、熊八は結婚。その翌年は町村制施行の年で、彼は新たに誕生した宇和島町の第一期町会議員に当選した。若干二十七歳の町会議員だったが、米の輸出税撤廃運動など活躍は目覚ましく、地元新聞の発刊など才気は多方面に及んだ。

さらに大きな夢を追いかけるように、三十歳になった熊八は大阪に移る。ここで新聞社の経済記者をしながら米相場や株式市場を学んだ後、新聞社を辞めて株式仲買業に転業。明治二十七年(一八九四年)、日清戦争勃発《ぼっぱつ》によって諸物価が高騰する中、安値に低迷する米価に目をつけた熊八は米相場で巨万の富を得る。豪胆さで知られた相場師「油屋将軍」の誕生である。

カンと度胸で相場を張り、いまでいう億単位の金を一夜にして儲《もう》けたという熊八だが戦後の経済大変動で一挙に文無しになる。熊八三十五歳、次に目指したのはアメリカだった。

熊八は三年間アメリカに滞在した。その間の生活ぶりの記録はほとんど残されていない。しかし、金銭や言葉において並々ならぬ苦労を強いられたことは想像に難くない。どんないきさつから宗教に救いを見いだしたのか、明治三十三年(一九〇〇

2

1――明治27年(1894年)、大阪で相場師をしていた熊八が出した新聞広告。豪胆さから「油屋将軍」と呼ばれていた。
2――相場師だったころの熊八。当時自転車は高級品だった。

3

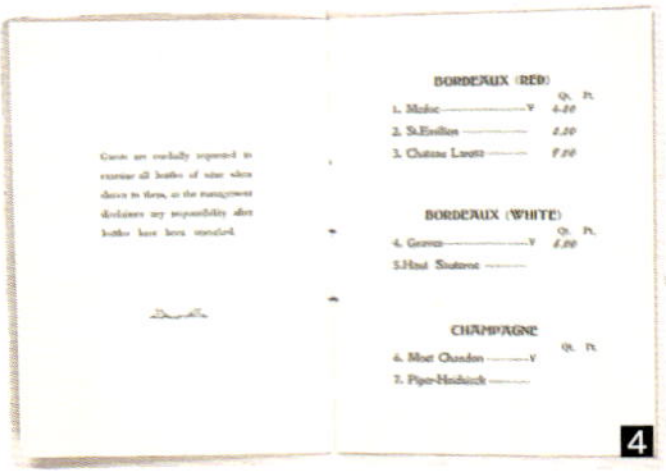


4

年)、帰国前に世話になった牧師からキリスト教の洗礼を受けている。帰国後は、再び相場師の道を選んだが、もう昔のような派手な勝負をすることはなかった。その熊八に追い打ちをかけるように再びの暴落。頼りは当時別府に身を寄せていた妻のユキだけだった。

## 熊八流のもてなし

「別府はまだまだ大きな可能性を秘めている。もっと大勢の湯治客を呼ぶことができるはずだ」。日本はもちろんアメリカも見てきた熊八の目に、別府は可能性に満ちた地に映った。相場師としての夢は破れたものの、彼には天性のカンがあった。熊八はユキとともに旅館を始める。客間はわずか二間のみの「亀の井旅館」のスタートだった。

「旅人をねんごろにせよ(もてなすことを忘れてはいけません)」。聖書の中の言葉だ。そして、これが熊八の取り組む観光事業の基本となる。たった二間の亀の井旅館の時代から、熊八のもてなしにはこの聖書の精神が脈々と息づいていた。

もてなしは贅《ぜい》沢《たく》な方が客を喜ばせることができる。でも、上を見ればキリがない。熊八はまず贅沢を二点に絞った。寝具と食事だ。極上の寝具を選び、衛生面にも細心の注意を払った。また、大阪から招いた一流の料理人に料理を作らせた。これが、当時のグルメたちにも好評を博し、料理目当ての客が博多あたりからもやって来るようになった。亀の井旅館は徐々に部屋数を増やしていく。

誰でも気軽に泊まれるようにと茶代(サービス料)を廃止したり、緊急の場合に備えて専属の看護士を置くなど、随所に熊八流のアイデアやこだわりがあった。また、クリスチャンで酒が飲めない体質だった熊八は、客の食事のときの酒は銚子《ちょうし》で一人二本までと決めていた。旅館はゆっくり休息する所、酒が飲みたければ料亭へどうぞ、というわけだ。もっと酒を出せと

言う森永キャラメル社長の森永太一郎に、「お子さまに人気の甘いキャラメルで有名なお菓子会社の社長が、酒のことで文句を言うのはもってのほか」とやり返し、「おもしろい奴《やつ》だ」と気に入られたというエピソードも残る。

熊八は実によく働いた。一日も欠かさず、駅や港で客を出迎え、宿の中はもちろん、観光に関しても行き届いた心配りを見せる。宿の主である熊八自ら、宿泊客を案内する姿が別府のあちらこちらで見られた。輿に乗れば客の帰り

3——宣伝が実を結び、別府には世界各国から大勢の観光客が訪れるようになった。
4——亀の井ホテルのワインリスト。ワインのほか、当時は貴重だったカクテルなどの洋酒も並ぶ。
5——亀の井ホテルの食堂。約束通り一人２本の酒が並ぶ。

6

7

の船に乗り込んで説明するほど熱心なガイドぶりだった。大正十三年（一九二四年）「株式会社亀の井ホテル」になってからも、朝は朝刊を持って、夜は「枕の具合はいかがでございますか」と尋ねて、客室を一室一室回った。すでに床に入っていたのに、熊八がこう尋ねて来たので困った与謝野鉄幹は「奥さん、枕の具合はいかがですか」と晶子に尋ねたとか。真偽は分からないが、時間を忘れて客のもてなしに腐心した熊八の仕事ぶりがうかがえる逸話である。

熊八にとって大切なのは自分の宿の客だけではなかった。別府全体のイメージを上げれば、みんなが潤う。例えば、熊八がやって来た当時の別府港には桟橋がなく、客船は沖合に停泊し、船客は伝馬船に乗り換えて陸に渡った。波が高い日や雨の日は女性客は恐がるし、男性客にも不評だった。これでは別府の発展に支障をきたす。熊八は一人で大阪商船の本社に直談判に出掛け、会社側の出資で桟橋建設を約束させた。桟橋は大正六年（一九一七年）に完成した。

## 奇想天外宣伝大作戦

大阪時代、仲買人仲間で新聞広告など出す者はいなかったが、熊八はいち早く広告を出し先鞭《せんべん》をつけた。彼は背広に蝶《ちょう》ネクタイで当時はまだ珍しかった自転車に乗ったりと、大阪でもモダンで知られていた。どうすれば目立つか、人の目を引くことができるか、そのころから宣伝の極意を知っていた。そして別府では、頼まれもしないのに、「別府民衆外務大臣」を名乗り、後の代議士で鬼山ホテルの社長になる宇都宮則綱、宇都宮の下で働き、歌や踊りが得意な梅田凡平と勝手に別府宣伝協会を作った。別府に市制が施行された大正十三年ごろのことだ。モーニング姿の凡平は毎日、別府桟橋でカスタネットを鳴らしながら到着客たちを歓迎し、たちまち別府名物になった。

別府の市制一周年を記念して大正十四年(一九二五年)に富士登山したときは、熊八が作ったキャッチフレーズ「山は富士、海は瀬戸内、湯は別府」を標柱にして、山頂近くに、ドーンと建てた。この標柱作戦は熊八のお気に入りで、その後も全国あちこちの景勝地を訪ねては「別府温泉亀の井ホテル建設予定地」の標柱を建てて回る。北は秋田県の十和田湖畔にもこの標柱が建っていたという。現代なら罰せられても文句は言えない。何ともおおらかな時代である。

昭和二年(一九二七年)、大阪毎日新聞が「新日本八景」を募集したときには、はがきを山のように買い込み別府市民に配った。もちろん、投書して

6——昭和２年(1927年)、田山花袋(腕組み)を案内して長湯温泉まで足を延ばす。

7——大正末期「別府観光」のノボリを立て宮崎へ宣伝に。

8——富士山頂に建てられた標柱。

9——昭和6年(1931年)ごろの別府市。中央に亀の井ホテルも見える。
10——熊八が旅館を開業したころと今も同じ場所に立つ亀の井ホテル。

もらうためだ。この作戦は見事に当たり、別府は首位に輝いた。早速、大阪毎日新聞社の社長にお礼に行くのだが、水上飛行機をチャーターし、「当選御礼　別府温泉」というビラを大阪や神戸の空からばらまいたというのだから、関西の人もさぞ驚いたことだろう。

こうして連ねていくといかにも浮世離れしているが、一方で熊八は時間があれば東京や大阪へ出掛け、文人墨客を伴って来た。大阪の報道陣を招いたこともあった。日本人だけでなく、世界中の要人が別府を楽しんだ。彼らが別府の良さを実感し、宣伝してくれることを期待してのことだった。そして期待通り多くの文学者や詩人が作品に別府を取り上げ、歌に詠んだ。こうした熊八の宣伝活動が別府の大きなイメージアップにつながったことは間違いない。亀の井ホテルのためではなく、観光都市別府のための宣伝だ。しかし、前述の通り勝手にやっているのだから経費はすべて熊八が出すしかない。忙しく働いても、亀の井ホテルの経営は少しも楽にならなかった。

変わり者ばかりの別府宣伝協会のメンバーに、凡平の旧友の写真家・原北陽が加わって別府オトギ倶楽部を作る。北陽は〝日本のアンデルセン〟といわれた久留島武彦の弟子で、童話の語り手だった。彼らは全国の子どもたちと交流を図り、当時の満州や朝鮮にも出掛け、別府温泉を宣伝しながら、児童文化振興にも正面から取り組んだ。

熊八の周りには不思議とユニークな面々ばかりが集まる。冗談なのか、本気なのか、遊んでいるようにも見える彼らの宣伝活動は、人々の心をつかみ、着実に成果を挙げていった。

1998年12月号掲載

別府を愛し、広域観光を構想した男

# 油《あぶら》屋《や》熊《くま》八《はち》(下)

株の暴落で
無一文になり、
妻とともに
別府で旅館を開業した
油屋熊八。
宿屋の一主人に
収まりきらない
感性と、
時代を見抜く勘で
「九州大国立公園」を
夢見た男の物語。

文＝牛島千絵美
Text by Chiemi Ushijima

# 日本初のバスガイド

旅館開業後間もない大正八年(一九一九年)、熊八は別府で初めての自家用車を購入し、亀の井旅館自動車部を作った。自動車部といっても最初は外車一台きりだったが、彼はこれからの観光浮揚に交通機関、乗り物が不可欠であることをいち早く感じていた。まだ別府観光では人力車が幅を利かせ、交通機関の主役といえば馬車という時代だ。別府にタクシー会社が誕生したのはその翌年である。

亀の井旅館の自動車部は徐々に台数を増やすが、熊八はもっと別の可能性を探っていた。自動車を利用して何か観光客を引き付けるようなことができないか。熊八はいつもこのことが頭から離れなかった。そんなときに思い出したのが、箱根の富士屋ホテルでバスに乗ったとき、同乗したホテルマンが漢文調でホテルの歴史を案内していたことだった。このヒントから熊八が思いついたのは、地獄めぐりのルートにバスを走らせ、少女に案内をさせる、つまり、バスガイドだった。思いついたら熊八は素早い。昭和二年(一九二七年)には、東京や大阪でも大きすぎて使用許可が下りなかった二十五人乗りの大型バスを四台購入。昭和三年(一九二八年)一月一日から日本初の定期乗り合い遊覧バス事業を開始した。

何より話題になったのは十六歳以上二十歳未満、未婚で高等女学校卒業程度、体格、音声、素行、容姿などの条件を満たした「美人車掌」だった。しかも、案内はすべて七五調の名調子。それまでは考えもしなかった新しい観光のスタイルに人々は列を作り、初日には五百人の乗客があった。日本で最初のバスガイドは日本中から客を呼んだ。

当時のバスガイドの一人、村上あやめさんは現在も別府で元気に暮らしておられる。いまならスチュワーデスにも匹敵するような花形職業に思えるバスガイドだが、当時は未婚の女性が他人の男性と一台の車に同乗し、話しかけるなんてもってのほかの時代。世間体が悪かったと当時を振り返る。加えて、バスガイドの教習は厳しく、話し言葉とはまったく異なる七五調で解説文をすべて完璧にマスターしなければならない。そのつらさは並みではなかった。「月給は二十円。当時は女性が働ける職場が少なくて、そういう意味ではありがたかったわねえ」

それまでは人力車が商売敵だったタクシーの運転手たちは、バスに客をとられ熊八に抗議に押しかけた。タクシーの乗車料は一人二円五十銭、それが運賃

1——日本初のバスガイドの一人、村上あやめさん。バスガイド人気に、レコードも吹き込んだそうだ。
2——バスガイドと熊八。ニッカーボッカーに赤ネクタイがトレードマークだった。

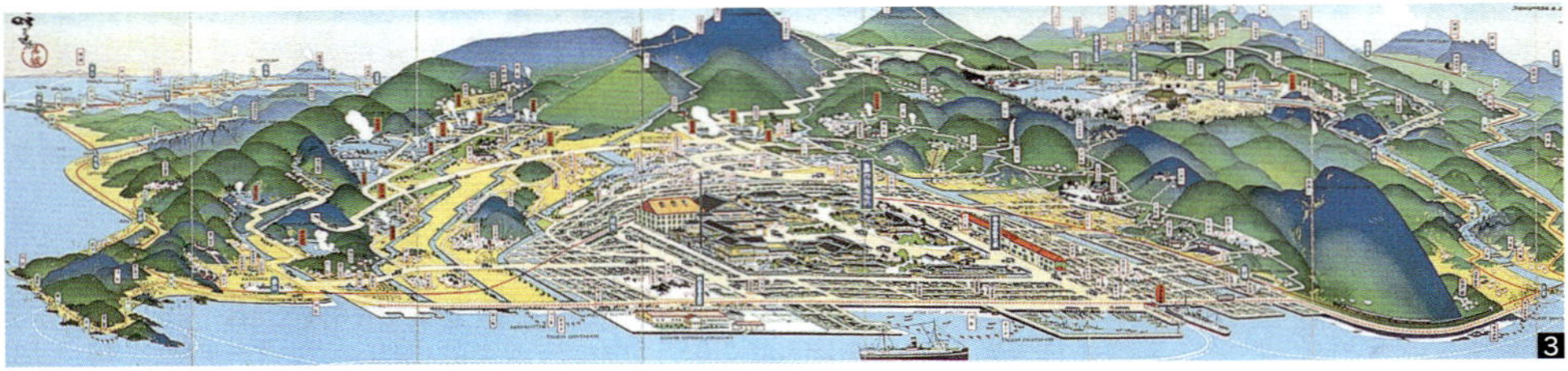

一円のバスに美人車掌まで付けられては太刀打ちのしようもない。タクシー側は必死の形相だったが、熊八は少しも慌てなかった。「客を大勢呼べば別府全体が潤う。半年の辛抱だから待っていてくれ」と、風が吹けば桶屋が儲かる式の理屈で説得した。熊八の話には妙な力がある。そして言葉どおり、その年の四月一日から五月二十日まで開催された中外産業博覧会には、全国から八十二万人もの入場者が訪れた。地獄めぐりの客も急増。もちろんタクシーも大忙しとなった。

## いつもアイデアいっぱい

別府のあちらこちらから湧《わ》き出す「地獄」を結んで「地獄めぐり」を仕掛け、それを案内する「遊覧バス」や「バスガイド」を思いついたように、熊八はいつも斬《ざん》新《しん》なアイデアにあふれていた。別府を世界に通用する国際的な観光地にするためにとゴルフ場建設を思いつき、その実現のために東奔西走したのも熊八だった。資金面の援助は大阪商船に直談判し、大正十五年(一九二六年)に別府ゴルフ・リンクス(別府ゴルフ倶楽部)が完成。まだ、通りを人力車が走り、一般の人々はゴルフがどんなものかさえ知らない時代だった。

いまではおなじみの温泉マークを考案したのも熊八のようにいわれているが、これは定かではない。しかし、熊八が別府のPRに好んで温泉マークを使ったのは事実だ。宇都宮則綱、梅田凡平、原北陽ら気の合う仲間ばかりで作った別府オトギ倶楽部の法被《はっぴ》にも、堂々と温泉マークが染め抜かれている。昭和三年、梅田凡平がアメリカで開催された世界日曜学校大会出席のため渡米した

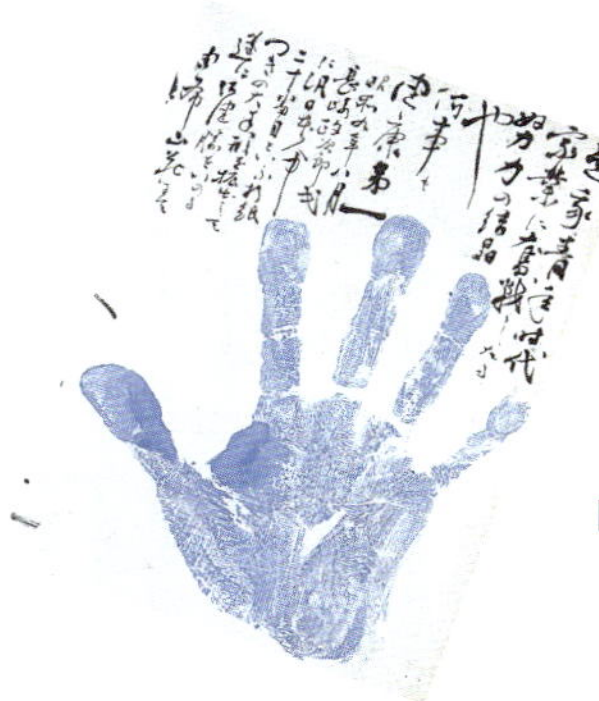

ときに持参した名刺にも、しっかりと温泉マークが印刷されていたように、あらゆる場面で別府のシンボルマークとして温泉マークを使った。だから、温泉マークを多用し、一般化したという点での功績は大きい。マークを使って別府を印象づけようとする広告マンとしての手腕もなかなかのものである。

熊八は愛媛県宇和島の大きな米問屋の跡取りとして生まれ、一時は家業に精を出して、早朝から深夜まで語り草になるほど働いた。一日中一升枡《ます》を持ち運んだ彼の右手は人並み以上に大きかったという。

前述の村上あやめさんに熊八の印象をお尋ねしたところ「とにかく手と足が大きな人でした」という返事が返ってきたほどだ。

アイデアマンの熊八は、ついにそれまで宣伝に利用することにした。亀の井ホテルの二十周年イベントに思いついたのが、手のひらの大きさを競う「全国大掌大会」だ。

昭和六年(一九三一年)八月、全国の主要新聞に「古今未曾有《みぞう》

3——亀の井ホテルのしおりに描かれた別府の風景。大正13年(1924年)ごろのものと思われる。

4——いつも凡平が着ていた法被。大きな温泉マークが目立つ。

5——「全国大掌大会」以降、熊八は5,000枚もの色紙に手形を押した。

6——自慢の右手を見せるお気に入りのポーズの熊八。左端が梅田凡平。

7

8

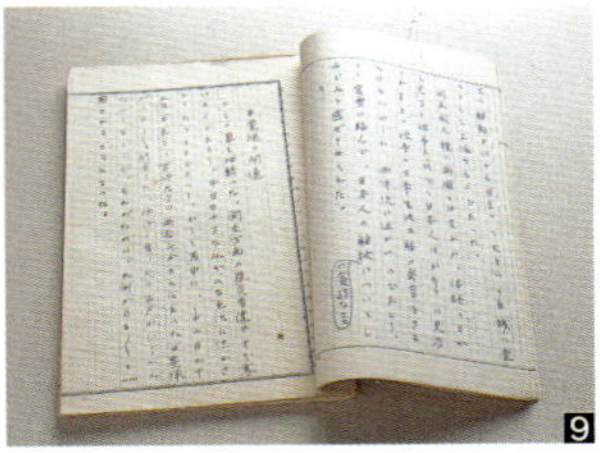

9

全国大掌大会」という広告を掲載。この人目を引く広告で大きな手のひらの手形を募集したところ、百数十人の手形が別府に送られてきた。この中から上位二十人ほどを選び、亀の井ホテルに招いて出場させることにして、いよいよ前代未聞の大会が開催された。審査は別府市公会堂(現・別府市中央公民館)で、審査員は熊八の知人や友人の中から選んだが、顧問には徳富蘇峰、朝倉文夫、久留島武彦、高浜虚子、与謝野晶子などの有名人が名を連ねた。見学希望者にはあらかじめホテルやバスの割引券を配布したりと、宣伝は万全。当日は会場にあふれんばかりの客が集まり、大会は大盛況となった。

ちなみに、このときの熊八の順位は二十位だったらしい。明治の横綱・常陸山と競って引き分けたというのだから相当な大きさだ。熊八は身長百六十センチメートルにも満たないほど小柄で、手足だけがアンバランスなほど大きかったというが、それを恥じるどころか「家業を懸命に手伝い大きくなったのだから、これは勤勉の象徴」と誇っていたそうだ。

## 熊八の九州観光構想

別府でホテルを経営しながら、常に別府全体の観光開発を頭に置き精力的に行動していた油屋熊八。しかし、彼の壮大な計画の中では別府もまた小さな点に過ぎなかったのかもしれないと思えることがある。昭和二年に彼が別府の観光事業を前提に書いたのが「九州大国立公園実現提唱」の趣意書だ。それによれば、熊八が考えていたのは別府、阿蘇、熊本、長崎を結ぶ道路の建設と、三県にまたがる広域観光圏の確立だった。簡単にいえば、九州横断道路の提案である。昭和二年といえば、人々は馬車に乗って行き交っていたころ。熊八は頭の中で観光都市九州の未来像を描いていたのだ。

別府は豊かな観光資源を備えている可能性に満ちた観光地だ。熊八がそう考えていたことは間違いない。でも、別府の周辺にも素晴らしい資源に恵まれた土地がたくさんある。その一つひとつをつなげば、もっと大勢の客が訪れるはずだ。実際に、熊八は別府に招待した文人墨客たちを案内して湯布院や久住高原など、大分県内のさまざまな温泉地を訪れている。点から線へ、そして面へ、熊八の考える九州の観光構想が実り、行政が九州横断道の建設に着手したのは、なんとそれから約五十年も後のことだった。

昭和の初めの湯布院は、美しいがあまり知られていない農村だった。別府から湯布院に向かう道は、落石の多い急カーブの連続で、馬車すら通れない悪路《あくろ》。この道に熊八は

7——熊八が愛した湯布院金鱗湖の風景。
8——熊八が描かせていた亀の井ホテルの将来図。
9——熊八は自伝をしたためていたが、未完に終わった。
10——スウェーデン大使を迎えたときの記念撮影。

11——いたるところから湯煙が上る現在の別府。
12——別府公園の中にある油屋熊八の記念碑。

石屋と作業員を伴って車で乗り入れ、道を造りながら進んでいったという豪快な話も残っている。湯布院、とくに金《きん》鱗《りん》湖《こ》の辺りは熊八のお気に入りの地だった。熊八は大阪の大金持ちに頼んで金鱗湖周辺の土地約一万坪を買わせ、そこに別荘を建てた。その後、この別荘を任せた中谷家がさらに一万坪の土地を入手。現在も湯布院を代表する旅館「亀の井別荘」として、熊八が愛した金鱗湖を眺めたたずんでいる。

こうして熊八の偉業を連ねていくと、頭が切れていつも多忙な近寄りがたい人物のようにも思える。しかし、実際の熊八は相手の地位に関係なく誰とでも平等に接し、自分の金儲けは二の次。人情に厚く、ホテルの従業員が失敗して客を怒らせたときには彼をかばって、客の前で土下座までして謝ったという。また、転職したいという従業員のためにその口利きまでしてやったこともある。だからこそ、ホテルの経営が苦しくなっても、相変わらず別府のため、大分のためと忙しく動き回り、金を持ち出す熊八を従業員たちは許したのかもしれない。

昭和十年(一九三五年)、以前から血圧が異常なほど高く体調も良くなかった熊八は、倒れてそのまま意識を失う。脳溢血だった。熊八が倒れたというニュースはたちまち別府中に広がり、懇意にしていた友人はもちろん、市長や代議士から一般市民まで百数十人が見舞いに訪れたという。しかし、多くの人々の願いもむなしく、熊八は三日後の三月二十七日に息を引き取った。享年七十三歳。墓は故郷の宇和島に建立されたが、熊八の精神はいまも別府に息づき、多くの人々の心に生き続けている。

■参考資料
『湯けむり太平記　油屋熊八物語』佐賀忠男(西日本新聞社)
『小説　油屋熊八』『小説　油屋熊八パート2』 村上秀夫(別府市観光協会)
『BAHAN No.10 油屋熊八と別府』 ハヌマン編(極東印刷紙工)
■取材協力
亀の井ホテル、別府市美術館

1999年2月号掲載

# 西海に天主堂を建て続けた棟梁

# 鉄《てつ》川《かわ》与《よ》助《すけ》(上)

二百数十年にわたる
禁教ののち、
信仰の自由を得た
わが国の
キリスト教徒たちが
心の拠り所としたのが
「天主堂」である。
明治後期から昭和初期まで
この天主堂に
建築家として関わり続け、
美しく気品に満ちた
たくさんの建物を残した男がいた。

■五島の海を見下ろして立つ「大曽天主堂」。

文＝宮本まり
Text by Mari Miyamoto
写真＝四宮佑次
Photo by Yuji Shinomiya
藤原武史
Takefumi Fujiwara

■鉄川与助

**冷水《ひやみず》天主堂【長崎県新上五島町】**

■与助が棟梁を務めた第1作。簡素な木造だが、時間を経て、味わいのあるたたずまいとなっている。(2001年に一部改修。写真は改修前のもの)

■鉄川与助が初めて教会建築と出会った中通島の旧曽根天主堂。100年以上前に建てられ、その後の移転改築でいまはない。初期の天主堂のごく質素な雰囲気を示す貴重な写真。

## 丘の上の十字架

長崎県五島列島の中通島。入り組んだ海岸線の所々に家々が集落をつくっている。青方《あおかた》湾という入江に面した大曽《おおそ》もそんな町のひとつだ。小さな漁港には朝夕舟が出入りし、人々は親しく行き合い、猫はのんびりと寝そべっている。そんな暮らしを丘の赤レンガの天主堂が見守るようになって、百年以上経つ。

この天主堂は、鉄川与助という教会建築にかけては名棟梁《とうりょう》といわれた人物の手で建てられた。大曽にもほど近い魚目《うおのめ》村丸尾(現・新上五島町丸尾郷)で生まれた彼は、長崎県を中心に四十以上の教会建築に携わり、それらはいまも各地で敬《けい》虔《けん》な祈りの場となっている。

しかし彼自身は、一生、仏教徒のままだった。

（写真提供／長崎県観光連盟）

**大《おお》曽《そ》天主堂【長崎県新上五島町】**

■ロマネスク様式で、桜をかたどったステンドグラスが可憐。近年大改修が施され、構造から細部にわたる創建時の丁寧な仕事ぶりが明らかになった。

## 迫害が深めた信仰

フランシスコ・ザビエルが日本にキリスト教を伝えたのは天文十八年（一五四九年）。海外との交易に熱心だった諸大名の庇護を受け、主に彼らの領地である西九州にその教えは深く根を下ろしていった。

徳川幕府の禁教下の時期には、役人の目の届かない山間の僻地《へきち》や離れ島へと信者たちが集落ぐるみ移住したことも珍しくない。苦難と闘った仲間は一層強い信仰の絆で結ばれていった。

そして幕末。長崎の外国人居留地にやってきたフランス人宣教師は、長い禁教の時代を耐え忍んだ潜伏キリシタンと出会い、このニュースを感動的に祖国に伝えた。以来日本は西洋の宣教師たちにとって一種憧《あこが》れの土地となるのである。

**鯛《たい》ノ《の》浦《うら》天主堂**
**【長崎県新上五島町】**

■現在は新しい天主堂が隣に立ち、この天主堂は図書館になっている。塔がある玄関部分は、原子爆弾によって倒壊した旧浦上天主堂の赤レンガを使って与助が増築したもの。

やる気満々の神父たちが日本を目指して海を渡ってきた。極東の国に骨を埋める熱っぽい覚悟に加えて、医学から建築まで幅広い知識を修めた有能な彼らは、「まず祈りの場を」と、言った。それまで息を潜めて信仰を守ってきた信者たちは、自分たちの教会を持てることに歓喜した。

元治元年（一八六四年）に大浦天主堂（長崎市）が完成し、明治後半になると周辺の町村にも教会が造られていく。神父たちの指導による西洋的建築は、当時の日本人にどんなにか新鮮に見えたことだろう。

明治三十二年（一八九九年）、中通島にペルー神父が設計した曽根天主堂が完成。建築に参加した地元の大工の中に当時二十歳の鉄川与助もいた。

## 師の遺言

四代続いた大工の家に生まれた与

**堂崎《どうざき》天主堂**
**【長崎県五島市】**

■五島で最初のゴシック様式。現在はキリシタン資料館になっている。若い日の与助が建設に参加した天主堂の一つで、のちに建物の傷みがひどくなると、改修にも関わった。

助は几《き》帳面《ちょうめん》で学問好き。体を動かすことを惜しまない。加えてひどく筋がよかった。十七歳ですでに普通の家をきちんと建てるだけの腕前を持っていたくらいだ。

腕のいい大工だったからこそ、風変わりな教会の建築が面白くてたまらない。曽根に続いて福江島の堂崎天主堂、中通島の鯛ノ浦天主堂の建築にも加わった。身分も副棟梁に出世した。

「楽しかったでしょうね。当時外国から来た神父さんといえば、手品のような新知識を持った技術者。教わることは多かったはずです」と語るのは与助の孫の鉄川進さん。自身も建築構造学を学んだエンジニアだから、知的好奇心が満たされるうれしさはよく分かるのだ。

明治四十年(一九〇七年)に完成した中通島の冷水天主堂で、二十八歳の与助は初めて棟梁として設計も担

■マルコ・マリ・ド・ロ神父（1840～1914年）。与助の部屋には終生の師として、神父の画像が飾られていたという。

■ド・ロ神父の独創的な工夫のひとつ。生石灰と砂で石をつないだド・ロ壁（長崎市西出津町のド・ロ神父記念館にて）

■優れた技術者のド・ロ神父は工具にも大変詳しく、彼からもらったろくろ鉋《かんな》は与助の宝物だった。（同記念館蔵）

## 青砂ヶ浦《あおさがうら》天主堂【長崎県新上五島町】

■上五島の天主堂の中心的存在。赤レンガと白い枠取りの鮮やかな対比、ステンドグラスを含めた内部装飾の充実ぶりなど、まだ31歳の棟梁の手によるとは思えない完成度である。

当した。野崎島の野首《のくび》天主堂、中通島の青砂ヶ浦天主堂…棟梁・鉄川与助の名は次第に上がっていったが、彼は常に謙虚で研究熱心だった。そんなとき出会ったのが、マルコ・マリ・ド・ロ神父である。

日本の信者たちへの献身的な愛情の深さと、多方面の才能に基づく啓《けい》蒙《もう》活動でいまも「ド・ロ様」と慕われるこのフランス人神父は、とりわけ建築の方面に秀でていた。彼は与助を「てつ」と呼び、愛《まな》弟子としていくつもの現場に伴った。

「ド・ロ様によって建築家としての目が開かれた」とのちに与助が語るほど、師弟の間は密接だった。しかし神父は作業場でのケガがもとで世を去る。臨終を見守る与助に師は言葉を残した。「お前の心が正しければ十分やっていける。しっかりやれ」と。

1999年3月号掲載

# 祈りは高く、思いは深く 鉄川《てつかわ》与助《よすけ》(下)

**キリスト教徒の祈りの場所、天主堂。その建築を一生の仕事にしながら鉄川与助自身はなぜ仏教徒を通したのか。謎《なぞ》を解くポイントは彼の自由で誠実な精神にある。**

文＝宮本まり
Text by Mari Miyamoto
写真＝四宮佑次
Photo by Yuji Shinomiya
藤原武史
Takefumi Fujiwara

■田平天主堂の壮麗な祈りの空間。

鉄川与助の生涯を語るとき、「数多くの優れた天主堂を建てた人物」という表題の脇《わき》に必ず、「しかしキリスト教徒にはならず、仏教徒で通した」という言葉が小さな疑問符のように添えられる。

尊敬するド・ロ神父からも何度か改宗を勧められた。しかし「わが家はずっと仏教徒。自分の代で変えるわけにはいかない」と、断り通している。確かに鉄川家は檀家《だんか》寺の改修を代々任されるほど仏教とは縁が深かったが、それだけが改宗を拒む理由だったろうか。

一方、天主堂の設計者たる最大の条件は、キリスト教の"祈り"の心への理解である。与助が建てた天主堂の敬虔《けいけん》な空間、天上の神の存在を意識した造りを見れば、彼がそれを十分に理解していたことがよく分かる。もとより、外国人の神父に親しく師

**田《た》平《びら》天主堂**
**【長崎県平戸市】**

■与助自身が自信作と語っていたレンガ造りの天主堂。何十種類ものレンガが複雑に組まれ、美しい調和を見せる。大正7年(1918年)建築。

事し、現場では作業に奉仕する多くの信者と接した与助に、キリスト教への好意こそあれ、反感があったとは到底考えられない。ではなぜ、という疑問を解くカギは二つありそうだ。

## 自由であること

与助が建てた天主堂は、一つとして同じものがない、といわれる。ある工法でどこかの天主堂を建築したら、次には必ずその工法を発展させるか別の工法への挑戦をしている。以前の作をそのまま引き写す安易な道は絶対に選ばない。

高等小学校しか出ていない与助は、日本建築学会主催の講習会には欠かさず上京して参加し、会場の受付担当者からは「いつも一番乗りの長崎の人」と顔を覚えられる熱心さだった。微積分も独学で修め、帝大出のエリートたちに交じって二十九歳で同学

**頭《かしら》ヶ《が》島《しま》天主堂【長崎県新上五島町】**

■経費節減のため、近くの山から切り出した石を使って10年かけて完成させた。地元の信者の協力も並大抵ではなかったようだ。規模は小さいが独特の存在感を持つ。内部は折り上げ天井。椿をモチーフにした装飾が美しい。大正8年(1919年)完成。

会の会員に推挙された。いつ寝るのだろうか、と周囲が不思議がるほど努力を重ねた与助は、こうした勉学をベースに、さまざまなスタイルの天主堂を造り出していったのである。

棟梁《とうりょう》として初めて設計した冷水天主堂は木造だったが、翌年に完成した野首天主堂は美しい赤レンガ造りだ。さらに十年ほどあとには、現地で切り出した石を積んで重厚な味わいの頭ヶ島天主堂を建て、関東大震災でレンガ造りの建物が倒壊したと知ると、当時の最新工法である鉄筋コンクリートへといち早くスタンスを移した。構造材の変化に合わせて、全体の印象を左右する塔の高さや窓の形などももちろん考慮している。

バラエティに富んでいたのは外観だけではない。信者が祈りを捧《ささ》げる大切な内部空間にも工夫は凝らされた。一例として天井の形が挙げられる。

## 﨑津《さきつ》天主堂【熊本県天草市】

■コンクリートと木造を組み合わせて、優美なゴシック風の建物に仕上げている。尖った塔が天草の海の風物に映えてどこか懐かしい。昭和10年(1935年)建築。

## 浦上《うらかみ》天主堂【長崎市】

■被爆前の旧浦上天主堂では、塔のドーム部分を与助が担当した(写真・下)。現・浦上天主堂(写真右)は昭和34年(1959年)建築。

石造りで大型の西洋の教会は天井の重さを支えるリブ・ヴォールト(コウモリ天井)方式が一般的だ。横壁から天井の中心に向かって幾本もの支え壁が伸び、荘厳な雰囲気を醸《かも》す効果もある。与助もこの形態でいくつもの天主堂を建てた。日本の天井は西洋に比べて軽いので素材は幅広く選べる。竹や木、漆喰《しっくい》…建物によってさまざまな高さに架け分けられるほどリブ天井に習熟した与助だったが、さらにある時期からは折り上げ天井方式も使うようになる。

合理性と創造性の融合を求めて次々と新しい挑戦を重ねていった与助は、技術者の自由な精神を持ち続けた。彼が改宗を拒んだ理由の一つはここにあるのではないか。代々のキリシタンが持つこまやかで濃密な人間関係を尊重はしても、その中にどっぷり身を浸すことは彼にはためら

**水《みず》ノ《の》浦《うら》天主堂**
**【長崎県五島市】**

■97歳の長寿を全うした与助は、80歳近くまで現場に出ていた。西海を見下ろす丘に立つこの白亜の教会は還暦直前の作。感覚はまだまだ若い。昭和13年(1938年)建築。

われたように思えてならない。

## 誠実であること

もう一つは、与助の誠実さだ。依頼主の大半が貧しい信者である。信者が生活を切り詰めて集めた浄財で建てるのだから、頑丈で美しいものでなくては、というのが口ぐせだった。

長崎の旧浦上天主堂が被爆したとき、塔のドームは爆風で飛ばされて川に落ちたが原形を保ち、流れをせきとめて撤去は難航したという。このドームを造ったのが鉄川与助である。彼のものつくりの確かさがうかがえるエピソードだ。「仕事に厳しい。手抜きは一番の敵。調子のいい人間が大嫌い」と彼を知る人が口をそろえるように、与助は頑固なまでに仕事に関しては妥協しなかった。

ド・ロ神父が改宗を勧めた裏には、一部の信者の「異教徒には任せられ

■「棟梁の域を超えた建築家」と祖父を語る鉄川進さん。

## 紐《ひも》差《さし》天主堂【長崎県平戸市】

■空に向けて伸びるような威容と明るさが目立つ建物。中に入ると折り上げ天井のすっきりした空間に迎えられる。昭和4年(1929年)建築。

■参考資料
『天主堂物語』雑賀雄二(新潮社)
『長崎の天主堂と九州・山口の西洋館』太田静六著(理工図書)
「より高く美しく」(西日本新聞 1991年4月~6月連載)
『写真集・西海の天主堂』木下陽一(日本カメラ社)
■取材協力
鉄川進
旧新魚目町企画開発課
ド・ロ神父記念館

ない」という突き上げもあったらしい。天主堂建築の仕事をスムーズに受注するには改宗した方がいい、というわけだ。「調子のいい人間が大嫌い」な与助には、そうした計算ずくの改宗は耐えられなかったのではないだろうか。「本当の信仰はそんなもんじゃない。仕事は仕事で見てくれ。自信がある」という意地である。

与助が改宗しなかった理由が、果たしてその自由な精神にあるのか、意地にあるのか、仏教徒としての筋を通すことにあるのか。本人が世を去って久しいいまとなっては知るよしもない。しかし彼が建てた天主堂の多くはいまもその土地の風景に溶け込んで、信者の祈りの声を響かせている。西海に点在するそれらの天主堂を巡ってみてほしい。その旅はきっと、真の技術者とはどうあるべきかを示してくれるはずだ。

# 放浪の俳人を癒やした心の友
# 山《さん》頭《とう》火《か》と緑《りょく》平《へい》

**放浪の俳人・山頭火は膨大な量の日記を残している。行乞《ぎょうこつ》の途上、大学ノートがいっぱいになっては、筑豊にいる一人の友人に送り届けていたからだ。「南無緑平老如来《なむりょくへいろうにょらい》」。山頭火は親しみを込めて彼をこう呼んだ。慈悲深い如来にたとえられた男は木村緑平。山頭火を物心両面から支え、「心友」とまで言わしめたこの男の存在は、あまり知られていない。**

■上／種田山頭火。撮影は昭和11年（1936年）。（写真提供／松山市立子規記念博物館）
■下／木村緑平。昭和41年（1966年）ごろ。（木村郁子蔵。撮影／城台巖）

文＝森武佳津枝
Text by Kazue Moritake
写真＝藤原武史
Photo by Takefumi Fujiwara

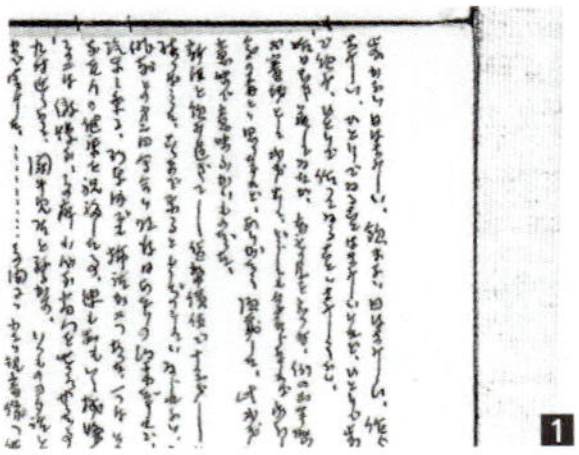

# 山頭火と緑平の奇妙な出会い

大正八年(一九一九年)四月。春とはいえ花冷えのする朝。炭鉱の町・福岡県大牟田の医師、木村好栄《よしまさ》は勤務先の病院から警察へ駆けつけた。突然入った連絡によれば、「昨晩、種田という行商の男を無銭飲食のかどで拘留した。その身元引き受けをお願いしたい」というもの。

木村の脳裏には、昨日初めて会った男の顔が浮かんだ。鋭敏で神経質そうだが、どこか野放図なまなざし。自分より六つ年上というから三十七歳か…。が、そうは見えぬほど、幼な子のような心もとなさが見え隠れする。あいにく当直の日だったので、夕飯だけ共にして駅まで送った。どうやら、そのあと駅前の飲み屋でしこたま飲《や》ったらしい。売り上げはもちろん行商の品まで飲み上げ、それでも足らず泥酔して警察のご厄介になったわけだ。

なんとも奇妙な縁だ。男は共に東京で刊行された俳誌『層雲《そううん》』の同人だ。主幹の荻原井泉水《おぎわらせいせんすい》は、自由律運動(季語や五・七・五の調子にとらわれず、心境を自由に詠む俳句)の提唱者。二人はいつしか手紙のやりとりを重ね、このとき初めて面識した。木村の俳号は「緑平」、男の号は「山頭火」であった。

## 対照的な二人の生涯

明治二十一年(一八八八年)、木村緑平(本名・好栄)は福岡県三潴《みずま》郡浜武村(現・柳川市)に鍼灸《しんきゅう》医の長男として生まれた。浜武尋常小学校から、伝習館中学校を終え、長崎医学専門学校(現・長崎大学医学部)に進む。さらに卒業

1――山頭火の日記。「歩かない日はさびしい。飲まない日はさびしい。作らない日はさびしい…」(昭和5年10月20日付)

2――昭和5年(1930年)9月から同7年(1932年)9月までを記した『行乞記』全6冊。途中『三八九日記』『へうへう集』などと改名したものもある(1・2写真提供/松山市立子規記念博物館)

# 逢ひたい捨炭山《ぼた》が見えだした（山頭火）

後は、医師免許を手に石炭景気に沸《わ》く大牟田の三井三池鉱業所病院に就職し、十二年ほど勤め上げる。

その前半生を拾うだけで、実に手堅い人生を送ったことが分かる。医学校時代、俳句に興味を持ち『層雲』に参加しなければ、山頭火と出会うこともなかっただろう。それほど、緑平と山頭火の生き方は対照的だ。

緑平が産声を上げる六年前の明治十五年（一八八二年）、山口県佐波《さば》郡西《にし》佐波《さば》令《りょう》村（現・防府市）に山頭火は生まれた。本名は種田正一。生家は大地主で、駅まで他人の土地を踏まずに行けたというほどだ。ご多分にもれず金満家の長男として何不自由なく育つが、九歳のとき、いきなり母が井戸に身を投げて自殺してしまう。原因は父の放《ほう》蕩《とう》三《ざん》昧《まい》。折しも屋敷内で遊んでいた山頭火は、引き揚げられた母の無残な姿を見たという。少年の心を引き裂いたこの出来事は、生涯にわたって山頭火を苦しめ続けた。

やがて、青年となった山頭火は早稲田大学を二年で退学し、実家に戻って結婚。父が始めた酒造業を継ぐが、親子そろって商売には向かず、二人で家を飲み潰《つぶ》してしまう。大正五年（一九一六年）、山頭火は妻子を連れて熊本へ逃げ移る。しばらく古本屋や額縁の行商で食いつなぐが、生活は苦しく夫婦は離婚寸前だった。さらに母に次いで弟まで自ら命を絶つ。

すべてがどんづまり、やがて一切を捨てて放浪の旅へと傾斜していく。緑平に会ったのは、ちょうどそんなころだった。

## 心を癒やす緑平との交遊

「大正十五年四月、解くすべもない惑ひを背負うて、行乞《ぎょうこつ》流転《るてん》の旅に出た」。名句「分け入つても分け入つても青い山」の前書きに、山頭火はこう書いている。六年前には妻とも離婚。その後、自殺騒動まで起こした山頭火は、熊本市内の禅寺で出家得度して、堂守に就くが続かず、とうとう行乞(托鉢《たくはつ》)の旅に出る。

旅といっても行き先や目的があるわけではない。ただ何かに追い立てられるように、どうしようもなく歩きだしたところが山頭火の旅の始まりだった。

**逢うて別れてさくらのつぼみ**　(山頭火)

ちょうどそのころ、緑平は大牟田を離れ、郷里に帰って開業医を始めた。大正十五年(一九二六年)八月、放浪四カ月目の山頭火がここを訪ねて来ている。が、間もなく緑平は弟に医院を譲り、そのころ全盛期を迎える筑豊炭田に赴く。

昭和二年(一九二七年)、緑平は福岡県田川郡糸田村(現・糸田町)の明治鉱業株式会社・豊国鉱業所病院に再就職した。のちに明治赤池鉱業所病院に移り、住居も上野《あがの》村(現・福智町赤池)に変わるが、この筑豊時代の十年間が、

3――木村緑平旧宅跡(糸田町)。かつての面影はないが、谷を隔てていまは住宅団地に変わったボタ山の跡が望める。
4――平成10年(1998年)、山頭火ゆかりの町が集まった「山頭火フェスタ」を機に糸田町では記念碑や句碑を作り、2人を顕彰している。
5·6――山頭火·緑平の句碑(糸田町)。自然石の両面に2人の句が仲よく刻まれている。

**7**——緑平にあてた山頭火のハガキ。雪がふった、よい句ができた、悲しかった、うれしかった、金がない…と、事あるごとに送り続けた書簡は、山頭火の全書簡の3分の1を占める。(木村郁子蔵)

**8**——かつての筑豊炭田の繁栄を物語るボタ山。山頭火はボタ山に創作意欲をそそられたらしく、多くの山の句を残している。

山頭火と緑平を強く結びつける。その交遊は、昭和十五年(一九四〇年)、山頭火が息を引き取るまで続いた。

山頭火が頻繁に訪れた糸田の緑平宅は、小高い丘の上にあり、谷を隔ててボタ山が見える。

**逢ひたい捨炭山《ぼた》が見えだした(山頭火)**

いまは面影もないが、山頭火にとって、この山が緑平宅の目印、会いたいと募る気持ちの象徴だったのだろう。

途中、何度かの休止期間はあるものの、十三年間にわたる放浪の旅は、彼にとってやむにやまれぬもの。緑平宅に杖《つえ》を置き、くたびれた笠《かさ》を脱ぐとき、大好きだった酒や温泉の湯と同様に、恍惚《こうこつ》とした気持ちで緑平の温かい懐に飛び込んだのではないか。

「緑平さんは心友だ、私を心から愛してくれる人だ、腹の中を口にすることは下手だが、手に現はして下さる。(中略)ありがたい一日だった、かういふ一日は一年にも十年にも値する」(昭和五年十一月二十七日付の日記)

自ら放浪生活を選んだものの、孤独な気持ちは晴れず、迷いや悩みはますます深まる一方。そんなどうしようもない山頭火を緑平は少しも責めはしない。丸ごと抱きとめ、癒やし、惜しみなく金を与え、旅と好きな句作を支えるのだった。

**雀うまれてゐる花の下を掃く(緑平)**

**8**

そんな緑平の希有な人柄は句にも表れている。

**雀《すずめ》うまれてゐる花の下を掃く(緑平)**

緑平は雀が好きで、生涯三千句余りの雀の句を詠んだが、どれ一つ同じ表現はなかったという。すべての句が緑平らしいまなざしで、雀の命をやさしく見つめている。

ところで、緑平は二度の結婚をするが、山頭火を迎えたのは最初の妻ツネであった。旅を続ける山頭火には、各地に援助を請うた俳句仲間が大勢いたが、やはり緑平宅がいちばん居心地よかったらしい。それはツネの人柄に負うところも大きい。立ち寄ったものの、奥さんが嫌な顔を見せれば、自然と足は遠のくものだ。

こんなエピソードが残っている。たまたま緑平が留守のとき、山頭火がふらりとやって来た。ツネは当たり前のように「これでよい句を拾っていらっしゃい」と金を持たせたという。子どもがいなかった夫妻にとって、山頭火は自分たちの子どものような存在だったのかもしれない。

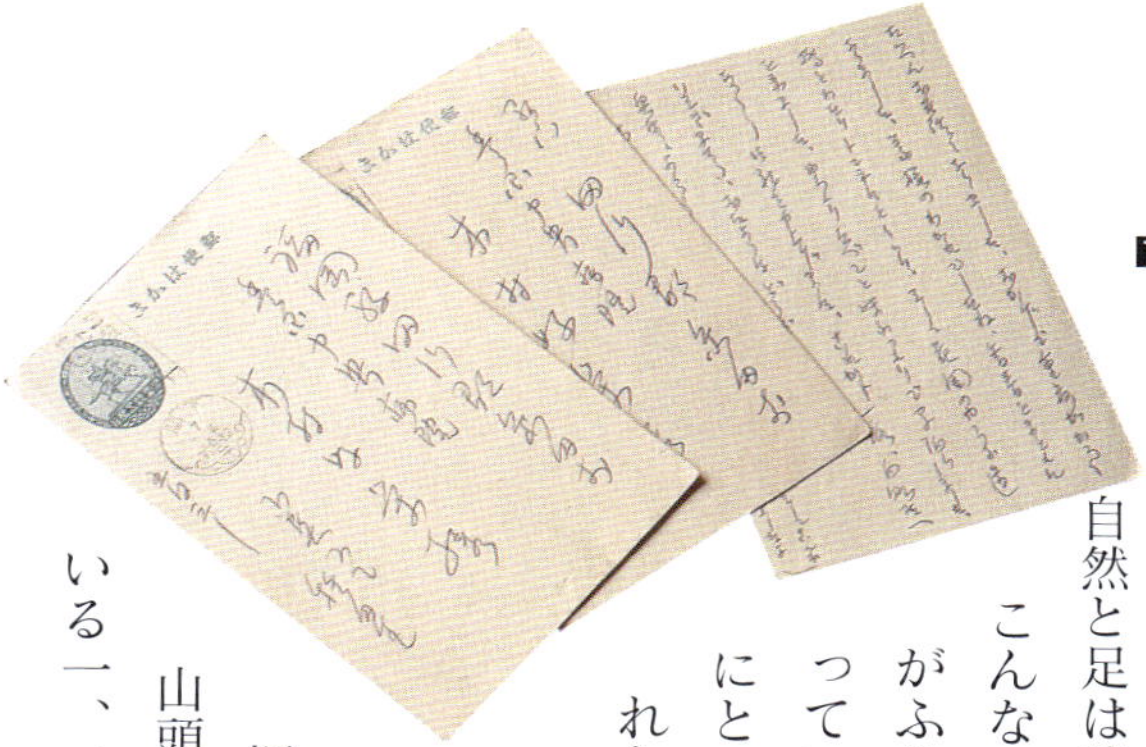

7

## 友情の証の旅日記

ところで、緑平と山頭火の深い絆《きずな》を知れば知るほど、一つの疑問がわいてくる。

山頭火の生涯のうち、緑平宅を訪れたのは二十七回。現在分かっている一、二六八通の山頭火の書簡のうち、緑平宛のものは実に四七六通

❾仲江健治著『山頭火と心友木村緑平』(日本出版)。山頭火と緑平、筑豊の関係を記録に残したいと４年の歳月をかけてまとめられた。

を数える。さらに二十一冊に及ぶ旅日記も、すべて緑平に向けて書かれ、最後の一冊を除き自ら彼の元に届けている。これほど山頭火を支え、心を開かせた友人が、なぜいままで文学史の表舞台に出てこなかったのか。

『山頭火と心友木村緑平』を著した仲江健治さんはこう分析する。

「それは、山頭火が生き残った人との関わりの中で有名になったからですよ」。つまり、山頭火を世に出した研究者、大山澄太(故人)を代表とする人々の功績と評価があまりに大き過ぎたため、緑平はその影に隠れてしまったらしい。同時に、山頭火と筑豊の関わりも埋もれてしまったと、仲江さんは残念がる。

それでも、のちに山頭火の遺族は「もし緑平さんがいなかったら、山頭火は自殺するか、どこかで酒に狂い死にするか、世間でいま言われるような俳人山頭火にはなっていませんよ」と語ったという。

昭和四十一年(一九六六年)、山頭火の死から二十六年目の春。二人の友情の証《あかし》であった門外不出の旅日記は、緑平の手から大山澄太のもとへ渡った。

**これがお別れになる日記の重さ膝におく　(緑平)**

なんとも切ない句だ。山頭火の死後、緑平は日記を少しずつ清書したという。それは晩年の楽しみでもあった。のちに日記は大山の手で編纂《へんさん》され、多くの山頭火ファンや研究者を沸かせた。

日記を手放して二年後、緑平は急性肺炎でこの世を去った。山頭火と同じように、望んだとおりのコロリ往生だった。

■参考資料
『定本種田山頭火句集』大山澄太編(彌生書房)
『ぬけ道、より道、山頭火』和順高雄(偕成社)

■取材協力
仲江健治

1999年8月号掲載

# 「古武士」と評された新聞記者
# 菊《きく》竹《たけ》六《ろっ》鼓《こ》

明治から大正、そして昭和へ――
激動する時代にあって
自己を偽る言葉を
記すことなく、
敢然《かんぜん》と生きた
新聞記者・菊竹六鼓。
世界新聞協会(WAN)の
「二十世紀の報道人百人」に
日本からただ二人、
長谷川如是閑《にょぜかん》とともに推薦され、
再び注目を浴びつつある。

文＝木村栄文
Text by Kimura Eibun

■5·15事件の鋭い軍部批判だけでなく、公娼制度の廃止、試験全廃論、婦人参政権の主張など、市民の目線から社会を見つめ、論陣を張った菊竹六鼓。時流に抗し、34年の記者生活を羽織袴《はかま》で通した。

1——20歳の六鞍(前列右)。明治33年(1900年)5月、東京専門学校入学前の撮影。(写真提供／金子文夫)

## 記者ありき

「福岡日日新聞」の菊竹淳《すなお》(一八八〇―一九三七年)の名は、一九三二年(昭和七年)の五・一五事件に際して、敢然と軍部攻撃の論説を書いた記者として知られている。同年五月十五日の夕刻、陸・海軍軍人の一団が首相官邸を襲い、犬飼毅首相を暗殺した。このとき、全国の新聞のほとんどは軍部勢力の報復を恐れ、明白なテロ行為に対して非難、論評することを避けた。当時、東北地方の飢饉《ききん》が深刻で、新聞に農村少女の身売りが報ぜられて、国民は政党政治の行き詰まりと腐敗した現状に失望し、むしろ軍部に同調する革新勢力に期待を寄せていた。なにしろ軍部は、中国東北部に駐屯する軍隊を勝手に動かし、独力で満州国という植民地国家をつくり上げてしまったのである。国民はそれを侵略とも思わず喝采《かっさい》し、新聞はそういう国民の気分に同調して、首相暗殺という凶行に及んだ軍人たちの「憂国の至情」には同情を禁じ得ない、などと、暗にテロを容認した。わずかに東京、大阪の「朝日新聞」がテロを鋭く批判したが、継続しなかった。

ところがただ一紙、「福岡日日新聞」のみ論説上で軍部の責任を追求し続けた。同紙は福岡市に本社を置く西日本随一のブロック紙で、この有力紙の編集長兼論説記者が菊竹だった。

## 世界に先駆けたファシズム批判

菊竹の五・一五事件関連の反軍論説は計七編、事件発生の翌五月十六日、異例の夕刊論説「首相凶手に斃《たお》る」に始まり、二十八日付論説「非常時内閣の使命」で終わる。この七編ほど痛烈に、しかも集中的に軍部を弾劾し、政党政治、議会制民主主義を擁護する論説を掲げた新聞は他にない。その鋭さは、当時の新聞と軍部・右翼勢力との力関係、国民の政党政治への反感、満州国の建国宣言に歓呼している状況下には稀有であった。

菊竹は言った。「何人といえども、今日の議会、今日の政治、今日の選挙、今日の政治家に満足するものはない。そこに多くの腐敗があり、欠陥があり、不備不足があることは事実である。にもかかわらず、ゆえにわれわれは、ただちに独裁政治に還《かえ》らねばならぬという理由はない。ファッショ運動に訴えねばならぬという理由はない。独裁政治が今日以上の幸福を国民に与うべしと想像しうべき、寸《すん》毫《ごう》の根拠もない。ファッショ運動が、日本を救うべしと信じうべきなんらの根拠もない」（十七日付論説「敢《あ》えて国民の覚悟を促す」）

福岡県久留米市には陸軍の第十二師団が駐屯し、革命派の軍人たちが多くいて、「福岡日日」の“偏向”に憤った彼らは同紙の久留米支社を脅迫し、本社に抗議を重ねた。しかし菊竹は屈しなかった。新聞社の経営陣も不買運動や右翼、暴力団に立ち向かい、菊竹をバックアップした。新聞業界は驚きの目で「福岡日日」の抵抗を眺めた。「…五・一五事件に対して敢然と言論の権威を把握したものは、一千余の全国新聞中、ただ僅《わず》かに『福岡日日』あるのみであった。言論の権威何処《いずこ》にある」（「日刊新聞時代」）

## “小さいいのち”への共感

菊竹淳は明治十三年（一八八〇年）、福岡県浮羽郡吉井町（現・うきは市吉井町）の

福岡日日新聞

敢て國民の覺悟を促す

政友會後任總

閣僚と黨幹部

協議纒

小委員會

結局公選

大地主の家に生まれた。二歳のとき、左脚の傷がもとで骨髄炎を起こし、手術に失敗して生涯、歩行に不自由した。東京専門学校(現・早稲田大学)を卒業したが、障害がハンディになって東京の新聞社には入れず、明治三十六年(一九〇三年)福岡日日新聞社(現・西日本新聞社)に入社した。翌年末、兄が妻子と母を伴い、吉井町から夜逃げして来た。兄には生活能力がなく、菊竹が安月給の身で大家族の家計を支えた。二十七歳で、見習い看護士の野口静子と結婚したが、この知性溢《あふ》れる女性こそ、菊竹を生涯支え抜いた伴侶《はんりょ》だった。

菊竹は論説記者として抜きん出た才能があった。ペンネームを六鼓と号したが、明治三十八年(一九〇五年)六月二十二日付の論説「理想の死」で鮮烈なデビューを果たす。これは福岡市郊外の堅粕《かたかす》村の踏切番の少女、山崎お栄が轢死《れきし》した事件に衝撃を受け、文章化したものである。少女は、外出した親に代わって紅白の旗を持ち、九州鉄道の踏切に立っていた。そして線路上を歩く通行人を発見し、危険を知らせに夢中で走るうち、無残に轢死したのである。

あたかも、日本海海戦で日本海軍が大勝利を収めた直後でもあり、東郷元帥や広瀬武夫中佐が国民的英雄として讃《たた》えられていた。しかし菊竹は、郷土から東郷

や広瀬を生み出さなかったことは福岡県民の永遠の恨事ではない。しかし少女お栄を出したことは、県民永遠の誇りであると訴えた。「筆を心悸《しんき》に震わせつつ」涙ながらに"小さいいのちの死"を追悼した論説は読者の感動を呼び、菊竹六皷の名は以来、「福岡日日」を象徴した。しかし菊竹が、人間の理想的な死とは「その本務に斃れ、職務に殉ずるもの」である、と言い放ったとき、彼の後半生は決まった。つまり「自分もお栄のように生きてみせる」と読者に約束してしまったのである。それからの菊竹の歩みは、当然、苦難に満ちていた。

## 恋せんとして…

菊竹は生涯、論説記者を本領として、エリアの問題を果敢に書いた。公娼《こうしょう》廃止の主張では、福岡市柳町の遊郭の大ボスの一派と命懸けの闘いをしたし、右翼団体を一括して「暴力団」と呼んで、彼らの脅迫にさらされて屈しなかった。記者としての「文章報国」の精神は並でなかった。

雄々しいジャーナリストだったが、精神的にはガラス細工のように脆《もろ》い一面があった。若くして編集長に抜擢《ばってき》されて先輩のいじめに遭い、ノイローゼになって苦しんだこともある。そのとき彼を介護し、再起させたのは妻の静子だった。彼女は病いの夫の通院に同伴し、夫を釣りに誘って仕事の重圧から解放させた。夫が遊郭業者の憎しみを買い、妓夫たちが自宅へ凄んで来たときや、五・一五事件で右翼壮士が押しかけて来たとき、夫に代わって応対して一歩も引かなかった。

そういう貞淑《ていしゅく》な妻を持ちながら、菊竹は絶えず寂寥感《せきりょうかん》に襲われ、すべてを捨てて旅に出たい、と願い、自殺さえ思った。手の届かないものへの渇望がどこから

**2**――5・15事件に際し、六皷が執筆した論説「敢えて國民の覺悟を促す」(「福岡日日新聞」昭和7年5月17日付)。犬飼毅首相暗殺の翌朝、六皷は出社した記者たちに「ウチはいつもの通りいきましょう」と訓示。全国の新聞が沈黙する中、計7編の論説を通じて、痛烈な軍部批判を貫いた。当時、六皷52歳。編集局長に就いて4年目だった。(写真提供／西日本新聞社)

**3**――六皷の素顔を伝える手記や手紙。手紙の表書きの「森山君・富太」は長女とその夫。家庭では優しく子煩悩な父親だった。(写真提供／西日本新聞社)

**4**――大正15(1926年)年3月、福岡市渡辺通6丁目に完成した福岡日日新聞の本社社屋。この年7月、六皷は主幹に任命された。(写真提供／西日本新聞社)

5——六皷が使った机と革張りの椅子。(菊竹六皷記念館蔵)

6——菊竹六皷記念館／六皷愛用の帽子や鞄、論説「敢えて國民の覺悟を促す」のパネルなど、当時の資料を展示。福岡県うきは市吉井町1082-1　9:00～16:30、12月29日～1月3日休、入館無料☎0943(75)3343(うきは市教育委員会生涯学習課) JR筑後吉井駅から徒歩15分。

来たものか。「恋せんとしてひとつの恋だにも成就せず、しかも四十六年のいまに至っても恋を捨てえず、なんたる滑稽《こっけい》であろう」(手記)と自嘲《じちょう》する彼は、妻以外の女性に恋もした。彼のエゴイズムを、静子は責めなかった。次女の節さんが、「母は苦しんだけど、赦《ゆる》したのです。母にとって父は信仰の対象だったのですから。母の掌《てのひら》の上で、父は仕事をしたのだと思います」と語られたが、新聞人としてあくまで勇者だった彼の、内面の脆弱《ぜいじゃく》さは、私に"偉人、六皷・菊竹淳"をごく身近な存在に感じさせた。

## 死に臨んで

昭和十二年(一九三七年)七月、「福岡日日」副社長、菊竹淳は結核で五十七歳の生涯を閉じた。息を引き取る数時間前、彼は「福岡日日」の同人、十人ほどを一人一人枕頭《ちんとう》に招き、後事を託した。それは一片の別れの挨拶《あいさつ》ではなかった。苦しい息の下で、彼は新聞社の将来について自分の遺志を伝えた。紙面は、経営はどうあるべきか、伝え終わると「これで死なんとサマにならんな」と家族に冗談を言い、みなに手を取られて死んだ。その月、日中戦争が始まっていた。

●

六皷・菊竹淳がいまのマスコミに生きていたら、という夢物語は、現代へのアンチ・テーゼとして理解できるが、菊竹がいまの新聞や放送界に適合しないことも明白である。特ダネを他紙に抜かれてショゲている記者を、編集局長の菊竹は励まして言った、「抜いた抜かれたで一喜一憂するのは心の迷いです」と。そんなことを言う編集局長は、いまなら一発で配転か降格だろう。

■協力
西日本新聞社
うきは市教育委員会

# 九《きゅう》州《しゅう》の独楽《こま》

**大陸から渡来し、宮中から庶民へと広がった独楽。千数百年もの間、各地で個性あふれる形が伝え継がれてきた。**

## 博多独楽

**【福岡県】**
独楽師が制作と曲芸をこなすのは博多独楽だけ。独楽の中では唯一、制作・曲芸ともに無形文化財の指定を受けている。
問い合わせ／博多独楽保存会
☎092(925)0318

文＝森武佳津枝
Text by Kazue Moritake
写真＝藤原武史
Photo by Takefumi Fujiwara

## 九州の独楽のルーツ

凧《たこ》揚げ、羽根つき、独楽回し…。昭和三十年代ごろまで、子どもたちの正月遊びといえば、こんな素朴なものだった。なかでも男の子の遊びといえば独楽。寒い北風が吹く原っぱや路地裏で、夢中になって遊んだ世代も多いだろう。

この独楽。歴史は古く、古代ギリシアの戯曲にも登場する原初的な遊びだ。わが国には八世紀、天平時代に高麗《こうらい》(現在の朝鮮半島北西部)から伝わったといわれている。当初は「古《こ》末都玖利《まつくり》」と呼ばれ、回すとブンブン音が出る鳴り独楽だった。

九州の独楽は一説に、菅原道真が都から大宰府にもたらしたとされているが、古代から大陸文化の門戸であった九州が最初の伝来地と考える方がむしろ自然かもしれない。

さらに、十六世紀ごろから始まる

## 八女独楽

**【福岡県】**

叩《たた》き独楽の一種で、菅原道真が九州に伝えたのが始まりといわれる。中央に飛び出たヘソがあるのが特徴。問い合わせ／独楽工房 隈本木工所☎0943(22)2955

## 東長寺独楽

**【福岡県】**

胴の穴から垂れた糸を引っ張ったり緩めたりして回す。博多・東長寺の縁起物だったが、いまはなく、注文でのみ制作している。問い合わせ／博多独楽保存会☎092(925)0318

## 八方独楽

**【福岡県】**

江戸時代に流行《はや》った賭博《とばく》用の木独楽。台の面に文字や図を入れ、それを当てて遊んだ。問い合わせ／博多独楽保存会☎092(925)0318

## 九十九《つくも》独楽

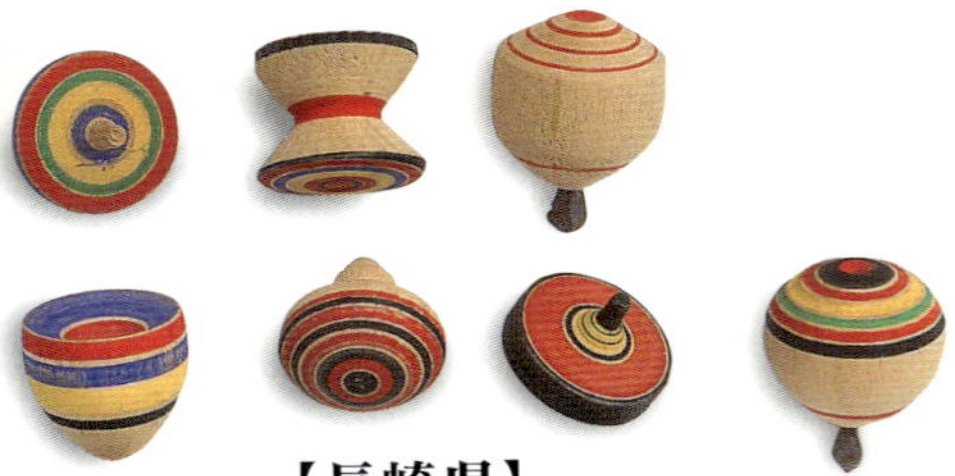

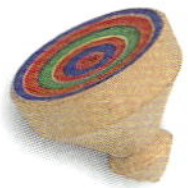

**【長崎県】**

全国各地の独楽を１～８センチほどに焼き直したものを１個から販売。ひょうたん独楽、六角独楽、そろばん独楽、ひな独楽などがある。問い合わせ／佐世保独楽本舗 ☎0956(22)7934

南蛮貿易や、鎖国時代の長崎・出島からも異国の独楽が九州にもたらされたという。

貴族たちの遊戯であった独楽は、やがて庶民に広がり、江戸時代には子どもたちの遊びとして定着した。九州でもこの時代、曲独楽で全国を席捲《せっけん》した博多独楽をはじめ、個性豊かな独楽が次々と生まれ、今日に引き継がれている。

### 大陸から渡米した唐独楽

わが国に最初に伝わった独楽は竹製の鳴り独楽といわれている。後に唐独楽と呼ばれるもので、竹筒の上下を板でふさぎ、竹の芯棒《しんぼう》を通したものだ。筒には孔《あな》があけてあり、回すと風が抜け音が鳴る。

最初は、宮中で用いられ、貴族の子どもたちに広まった。平安時代の歴史書『大鏡』にも、一条天皇が幼少

## 佐世保独楽

**【長崎県】**

形の優美さと異国情緒あふれる色彩に人気がある。上は干支を描いたもの。らっきょう型はインドから中国・台湾を経て長崎に入ってきたものといわれている。
問い合わせ／佐世保独楽本舗　☎0956(22)7934

## 人吉の独楽

**【熊本県】**

竹製の鳴き独楽。胴に孔があけてあり、回すと音が出る。現在では作られていない。

の折、音を立てて狂い回る独楽にいたく興味をもたれたとある。

　その仕組みから唸《うな》り独楽とか、ぶんぶん独楽、カミナリ独楽とも呼ばれた。竹製のほかに木製の挽《ひ》き独楽もあり、伊勢地方の竹鳴り独楽をはじめ、九州では宮崎の神代《じんだい》独楽などが挙げられる。

### ベーゴマの起源は貝独楽

　戦後の焼け跡で、子どもたちに熱狂的に迎えられた遊び「ベーゴマ」。関西ではバイゴマと言い、どちらも貝独楽が訛《なま》った呼び名だ。海螺貝《ばいがい》の殻に鉛やロウを流し込み、尖端《せんたん》を重くして回して遊んだのが始まり。江戸時代の中ごろから流行《はや》り始め、とくに上方で人気があった。

　貝独楽は明治末には廃《すた》れ、鉄製のものに代わったが、貝の形はそのまま残り、戦後に引き継がれた。

# 肥後独楽

# 宇《う》目《め》けんか独楽

**【大分県】**
自分の独楽を回して、相手の独楽に打ちつけて遊ぶけんか独楽。宇目にはほかにも、へそ独楽、かぶと独楽がある。

**【熊本県】**
慶長年間、加藤清正の時代に伝わり、主に武士の間で愛好された。肥後独楽は12種類の形があり、外側は色を付けず木地を残すのが特徴。

## 手回し独楽と叩き独楽

昔の子どもたちは、よく回る独楽を直感的に知っていた。まず芯棒が真っすぐで、胴体が前後左右バランスがいいこと。さらに決め手は回すときのスピード。回転力があるほど、独楽は真っすぐ地面に立ち、一点で長く回る。

独楽は、その回し方で大きく二通りに分けられる。手回し独楽と叩き独楽だ。手回し独楽は、その名の通り両掌や指先で芯棒を強くひねって回すもの。木製の小さなものが多く、全国各地にある。

叩き独楽は、革の鞭《むち》や麻縄で独楽の横腹を叩いて回すものだ。さらに紐《ひも》を独楽に巻きつけ、投げて回すものもある。もともと貝独楽から生まれたもので、山村で貝殻の代わりに木を削って作ったのが始まりという。

## 彦一独楽

一

二

三

四

【熊本県】

狸の木地人形で、傘、顔、胴体、お尻の部分が取り外せ、パーツのすべてが独楽として回せる。

## 神代《じんだい》独楽

【宮崎県】

唐独楽の一種で、回すとブンブン音が鳴る。丸に十字の紋は旧島津家のもので、武士の家庭で男の子のおもちゃとして伝わった。

これも全国にあり、九州でも長崎や熊本に古くから伝わる。

### ユーモラスな変わり独楽

単に回すだけでなく、からくりの仕組みを応用して不思議な回転をさせたり、特異な意匠を凝らした独楽もある。八方独楽といわれる博打《ばくち》用の独楽や、曲独楽の流れをくむ江戸独楽などが挙げられる。

### 独楽の歴史を変えた博多独楽

およそ四百七十年の歴史をもつ博多独楽は、わが国で最初に鉄芯を用いた独楽だ。竹や木の芯棒に比べ、独楽の回転が安定して長く回る。そこに目を付けたのが大道芸。刀や扇の先で大独楽を軽々回したり、回転する独楽を腕にはい上がらせ、さらに空中に投げ上げてキセルの先で受

# 宮古島の独楽

**【沖縄県】**
色合いはさまざまで、本土の独楽より形は縦長。かなり大きなものもある。

**【世界の独楽】**
独楽の歴史は古く、一説に3,000年前ともいわれている。①韓国②フランス③メキシコ④インド⑤ジャワ⑥トルコ⑦台湾⑧マレーシアの独楽。②や③など佐世保独楽に近い形もある。

け止めるなど、曲独楽は芝居小屋の人気をさらった。

評判は評判を呼び、博多独楽は江戸や上方でももて囃《はや》され、一時は風俗を乱すと禁止令まで出たという。

なかでも幕末の松井玄水(源水)は名人の誉れ高く、その朱塗りの独楽と曲芸は今日の博多独楽の礎を築いたといわれる。

また、木製の胴に鉄の枠をはめ、回転力を強くした鉄胴独楽や、からくり独楽として人気の高い江戸独楽など、今日の独楽の多くに博多独楽の影響がみられる。水芸などもこの曲独楽から生まれたものだ。

独楽は生き物だ。跳ねる、回る、ぶつかる。活発な動きは子どもたちの心をゆさぶる。季節を問わない遊びではあるが、独楽の持つ躍動感は、新たな生命力を呼び込み、万物の命をことほぐ正月にこそふさわしい。

■参考資料
『九州の郷土玩具』吉川誠一(思文閣出版)、『別冊太陽・子ども遊び集』(平凡社)、『江戸独楽』広井道顕・昭政(日貿出版)、『日本人形玩具辞典』斉藤良輔(東京堂出版)
■協力
博多独楽保存会、博多独楽宗家4代目　筑紫珠楽、郷土人形ミュージアム(福岡タワー内※2004年11月閉館)

2000年11月号掲載

# 九州《きゅうしゅう》の神楽《かぐら》

夜の闇《やみ》の中に
炎がゆらめき
浮かび上がる空間に
舞い手が宙を飛ぶ。
秋は夜神楽の
季節の始まりである。
収穫を終えた
九州の里々では、
人々がカミを招き、
夜を徹して
共に舞い遊ぶ。

文＝森武佳津枝
Text by Kazue Moritake

**【椎葉神楽】** 宮崎県

■椎葉村・村内26地区／毎年11月から12月にかけて行われる。演目は各地区で多種多様、40番近くを舞う地区もある。写真は嶽之枝尾地区。

# 魂を揺さぶられる遊び

霜月を迎えるころ、九州のあちこちの里で神楽が始まる。普段は里を見晴らす山やら森にいる(らしい)カミを仰ぎ、鎮守の杜《もり》や家の座敷にしつらえた特設舞台にカミを招いて一緒に遊ぶ。

神楽の語源は「神座《かむくら》」、カミが降りてきて鎮まる場所という意味らしいが、素直にカミとともに遊び、楽しむという字面を採った方がピンとくる。事実「楽」はカミに捧《ささ》げる芸能で、『古事記』では楽を「アソブ」と読ませている。アソブとは鎮魂《たましずめ》、生命力を甦《よみがえ》らせる歌舞を意味した古い日本語だ。

われを忘れ、遊びに夢中になっているとき人は特別な感じを受ける。その時空に抱かれ、身も心も解き放たれる感覚だ。歌い、奏で、舞い、跳び、演じる…。芸能はカミを呼び込み、神聖な力と出会い、魂を揺さぶり起こす遊びである。

神楽の本来の姿もそこにある。カミの魂と交わり、カミの国・常世《とこよ》から生命のエネルギーを呼び込む。万物が休息に向かい、命の躍動感に欠ける秋から冬にかけて、神楽が盛大に催されるのは、そんな背景があるからだ。

神楽の中でも、最も古くから知られているのは京都・賀茂神社や石清水八幡《いわしみずはちまん》宮《ぐう》に残る神楽で、平安時代の初期にまでさかのぼれるという。神楽はカミを迎えて、もてなし、一緒に遊んだあとは、神送りで帰っていただくのが基本だ。この流れに室町時代以降、能のような仮面劇が加わり、舞いの中にドラマが生まれた。ほかにも狂言や曲芸など、さまざまな芸能が取り入れられ、今日の姿になったといわれている。

その形態を簡単にまとめると、神楽は大きく宮中で行われる「御神楽《みかぐら》」と民間の「里神楽」に分けられる。里神楽は、ほぼ次の四つに分類されている。「巫女《みこ》神楽」「採物《とりもの》神楽(出雲系)」「湯立《ゆだて》神楽(伊勢系)」「獅子《しし》神楽」だ。

巫女神楽の巫女は、カミに仕える聖なる女性のこと。日本神話のアメノウズメのように、その神懸《が》かった舞いが神楽の起源といわれる。採物神楽は、舞い手が鈴とか幣《みてぐら》、笹《ささ》や榊《さかき》、扇などカミが依りつきやすい道具(採物)を手にとって舞う。神楽の基本ともいえるスタイルだ。

湯立神楽は大釜《がま》に湯をたぎらせ、笹や幣などの採物で湯を四方にはねかけながら舞う神楽だ。さらに、獅子神楽は、お正月の獅子舞のように獅子を舞わしてカミに奉納する。

## 九州の神楽風景

さて、巫女神楽のところでも少し触れたが、里神楽の起源は「天岩戸《あまのいわと》神話」のアメノウズメの故事に求める場合が多い。岩屋に隠れてしまったアマテラスを

**【球磨《くま》神楽】** 熊本県

■人吉市・青井阿蘇神社／毎年10月8日のおくんち祭に奉納。仮面を用いないことや軽快な足拍子が特徴。「大小」「棟方」は球磨地方独特のものとして全国的に高い評価を受けている。

**【高千穂神楽】** 宮崎県

■高千穂町・町内19地区／毎年11月から2月にかけて、民家などを神楽宿にして行われる。演目は33番。岩戸5番と呼ばれる「岩戸開き」のほか、イザナギ・イザナミの二神が抱き合う国生みの舞いが人気。

**【銀鏡《しろみ》神楽】** 宮崎県

■西都市・銀鏡神社／毎年12月14日の夕方から15日の午前中にかけて奉納される。猪の頭が献上されるなど、狩猟信仰を色濃く伝える神楽である。国の重要民俗文化財の指定を受けている。

**【玖珠神楽】** 大分県

■九重町・亀山天満神社／毎年10月1日・2日に奉納。「十二鬼」という鬼神が、舞殿から飛び出し子どもたちを追いかけ回す。

なんとか外に招き出そうと、アメノウズメが笹を手に、面白おかしく踊るくだりだ。九州各地に残る岩戸神楽・神代《じんだい》神楽は、この故事に由来を置く。

中でも、よく知られているのが神話のふるさと・宮崎県高千穂町の夜神楽だ。毎年十一月から二月にかけて、里の民家を神楽宿に、夜を徹して三十三番が演じられる。とくに「柴引」から「扉開き」までは、岩戸神話に材を取る組神楽となっている。

ところで、先の分類でいえば高千穂の夜神楽をはじめ、九州の代表的な神楽は採物神楽(出雲系)が多い。しかし、実際のところはそれぞれの要素が複雑に混ざりあい、単純には分けられないという。

また、中国の古代思想である陰陽《おんみょう》五行《ごぎょう》の思想を呪術《じゅじゅつ》として取り込んだ修験道も、九州の神楽に強い影響を与えている。九州の修験道は、国東の六郷満山のように鎌倉時代に大いに栄えながらも、地方色が強く、独自の文化を形成したといわれている。

そういった山伏たちの文化をとどめる神楽が、福岡県から大分県にかけての豊前地方に見られる。「ミサキ」と呼ばれる、荒ぶるカミが登場する鬼面を被《かぶ》った神楽だ。山の神と結びつく鬼面の舞いは、九州の神楽の特徴だという。

さらに、宮崎県椎葉村をはじめ、九州脊梁《せきりょう》の山々にも山伏たちの影響が色濃く残る神楽が伝わっている。毎年十一月から十二月にかけて行われる椎葉の神楽は採物神楽だが、平安時代の歌謡が唱教《しょうぎょう》(唱え言)に残るなど、古い神楽の姿をとどめるものとして有名である。

民家の座敷に注連《しめなわ》をめぐらせて「御神屋《みこうや》」と呼ばれる舞い所を設け、その天井には「雲」と呼ばれる飾り物を吊《つ》り下げる。雲は修験道で用いられる白蓋《びゃくがい》（天蓋）で、真上には龍を描き、白い紙を刻んで四方に張り回す。鬼神や荒神の舞いになると、これを激しく揺さぶるのだ。

また、椎葉神楽は狩猟や焼畑など、山の文化を色濃く伝える神楽である。血のしたたる猪《いのしし》や鹿《しか》の肉が奉納されたり、粟《あわ》や大豆など、焼畑で作られる雑穀が神楽に用いられたりする。

九州山地には、ほかにも西米良《にしめら》村や諸塚《もろつか》村の神楽、西都市の銀鏡《しろみ》神楽など、山の民の祈りが込められた神楽がたくさん残っている。

九州の神楽のもう一つの特徴は、各地に巫女神楽が伝えられていることだ。長崎県対馬の命婦舞《みょうぶまい》や五島の市舞、福岡県志賀島の八乙女舞《やおとめまい》、鹿児島県甑《こしき》島の内侍舞《ないしまい》などがそうだ。鹿児島地方では神楽を神舞《かんまい》と呼び、トカラ列島の巫女によるネーシ舞が神楽の南限とされている。

また、佐賀県は神楽のない地域といわれているが、江戸時代には命婦舞があったことが史料から分かっている。

**【赤幡神楽】** 福岡県

■築上町・赤幡八幡神社／毎年5月3日・10月8日・年末年始に奉納される。古来より伝統を重んじた神楽。この地方の舞いは修験道の影響が強く、みさきと呼ばれる鬼神が現れるのが特徴。

**【入来《いりき》神舞】** 鹿児島県

■薩摩川内市・大宮神社／毎年12月31日に奉納される夜神楽。古代隼人舞を伝承する神舞（神楽）で36番まである。とくに22番の12人剣舞の祭文の中に「君が代」の一節が出てくるため、ここが「君が代」発祥の地といわれている。

**【高祖《たかす》神楽】** 福岡県

■前原市・高祖神社／毎年4月26日・10月25日（夜神楽）に奉納。20番近い演目のうち10番前後が舞われる。10番の「問答」では、神社の奉殿を鬼神が往復して、見物中の子どもたちの頭をなでていく。

# 神楽の宇宙

十二月半ばの凍《い》てつくような夜、九州山地の山懐に銀鏡神楽を見に行ったことがある。猪の頭がずらりと並ぶ祭壇。白い天蓋《てんがい》を抱く御神屋の中で、太刀や幣を手に跳ね舞う祝子《ほうり》(舞い手)の一挙手一投足にただ見惚《ほ》れた。かがり火に浮かぶ力強い舞いと、かっぽ酒をあおりながら、ほろ酔い気分で舞いを楽しむ人々。濃い闇の中で繰り広げられるカミと里人の饗宴《きょうえん》、日々の安寧《あんねい》と豊猟への切なる祈り…。

森羅万象のすべてが、この小さなカミの庭に凝縮されているようで、なるほど神楽とは、人間も万物の理《ことわり》の一つと知り、宇宙を体感する装置なのだと思った。夜が明けると、すべてが夢のようで、舞い手たちもいつもの里人の顔に戻っていた。神楽は神事である。ちゃんと行えばカミも本当に降りてくる。最近では、まちおこしイベントと化している神楽も多いが、九州にはまだまだ、こんな山の気配、土の匂《にお》いのする清らかな神楽が残っている。

**【福井神楽】** 福岡県

■二丈町・福井白山神社／毎年5月の第2日曜日に奉納。17番の「神相撲」と称される勇壮な舞が特徴。

**【平戸神楽】** 長崎県

■平戸市・亀岡神社／毎年10月26日のおくんちに奉納される。1番から24番まで全演目を神職が舞う神主神楽で、全国でも珍しいもの。松浦藩が保護したと伝えられる。

**【与賀神社の命婦舞】**
佐賀県

■佐賀市・与賀神社所蔵。本殿の内部、内殿の板唐戸に手に採物をもって舞う巫女が描かれている。江戸時代の板絵。

■参考資料
『民俗芸能』西角井正大（ぎょうせい）、『日本音楽叢書　民俗芸能』国立劇場（音楽之友社）、『山の祭りと芸能』宮家準編（平河出版）、『椎葉神楽』渡辺伸夫（平河出版）、『銀鏡の宇宙』芥川仁（海鳥社）、『日本の祭り事典』田中義広編（淡交社）、『椎葉民俗芸能博物館　常設展示図録』、「九州の芸能史点描」渡辺伸夫（『FUKUOKA STYLE vol. 25』福博綜合印刷）

■取材協力・写真提供　椎葉民俗芸能博物館

# 吉野ヶ里遺跡の歴史は、彼から始まった 七《しち》田《だ》忠《ただ》志《し》

戦前から
北部九州研究の
重要性を説き、
昭和九年、初めて
吉野ヶ里遺跡を
学界に報告。
終生、
「古代文化の親衛隊」
として志高く生きた、
一人の考古学者がいた。

■昭和33年(1958年)8月、遺跡調査の帰途の七田忠志。いつもこんな格好で、自転車に調査道具を入れた雑のうをくくりつけて出掛けた。

文＝大塚清吾
Text by Seigo Otsuka

1——愛用したカメラ。

# 歴史ある土地に生まれ育った少年

平成元年(一九八九年)二月に吉野ヶ里発掘のニュースが全国紙の一面を飾ったときから、遠い世界であった弥生や縄文といった古代の歴史への関心が全国的に高まり、それまでそのようなことに無関心だった人たちまでをも、古代へのロマンを抱かせるようになった。その吉野ヶ里フィーバーが一段落して、なぜ、どうして、という疑問が芽生えてきたのである。このような遺跡が突然発見されるわけでもなく、そこにはコツコツと地道な調査や発掘に汗を流した人の存在があるのである。時代のせいもあるのだが、先見性を持ってことをなしたとき、必ずや世間には受け入れられず、不遇のうち人生を終えられ忘れ去られていった人たちが世の中には多い。吉野ヶ里を考える場合も例に漏《も》れず、一人の男がその重要性を唱え続けていたのである。それが七田忠志であった。

七田は大正元年(一九一二年)佐賀県神埼郡仁比山村(現・神埼市)に生まれた。神埼は『肥前風土記』に「神埼の郡」として記載されている古い土地柄である。もちろん奈良時代に作られた『風土記』以前の、弥生時代の遺跡がちりばめられている土地で、吉野ヶ里近辺の老人たちに話を聞くと、甕《かめ》棺や青銅器の剣や矛《ほこ》、矢じり、それに土器などは子ども時代の遊び道具であったということを言う人が多い。青銅鏡で円盤投げをしていたという話も事実聞いたことがある。それくらいに普段の工事や畑などを耕すときに遺物が出てきていたらしく、七田はそのような環境の中で育ち、考古少年として成長していったであろうことは想像に難くない。

大学は、弥生の稲作農耕文化を提唱し、また「東京考古学会」を組織して雑誌『考古学』などを発行した森本六爾《ろくじ》のすすめで國學院大学高等師範部に進んでいる。森本は松本清張の初期の作品、小説『断碑』の主人公のモデルともなっている人で、考古学の世界に新風を吹き込むが、「弥生時代が農耕社会であった」とする説をいち早く唱えたにもかかわらず、当時の学界に受け入れられないままに病に倒れている。森本からの手紙を張り付けた七田のスクラップ帳の表紙には、「偉大な薄幸《はっこう》の考古学者」との文字が書き込まれ、氏に対する敬愛とともに当時の学界への悔しさのまじった思いが伝わってくるものであった。

## 吉野ヶ里遺跡の重要性をいち早く報告

國學院時代の七田は、「上代文化研究会」のリーダーとして活躍している。残された写真帳をめくると國學院の学生たちが聴く講演会の写真が幾枚かあり、その講師は民俗学者の柳田國男や国文学者の折口信夫らといったそうそうた

2——昭和30年(1955年)ごろの吉野ヶ里遺跡。前方は現在、集落が復元されている。

3——日本で初めて吉野ヶ里遺跡を報告した論文。掲載された「吉野ヶ里丘陵遺蹟分布図」は、現在の国の特別史跡指定区域とほぼ一致している。

4——押型文土器。約8,000〜9,000年前の縄文早期の遺物で、父・虎麿の猟について行ったときに戦場ヶ谷遺跡で発見したもの。処女論文の基となり、森本六爾と出会うきっかけともなった。

5——七田が終生、学問と人生の師として敬愛した森本六爾。32歳で早世。

6——昭和13年(1938年)、中国吉林省輯安《しゅうあん》の古墳群調査時。右が七田忠志。当時26歳。

る人物である。また、詰め襟姿の若々しい七田の姿もその中にあって、日本における考古学の曙《あけぼの》を担う決意の志までも写し出されているような写真であり、そのような学生時代に我が国を代表する研究者に触れ合っていたことを物語るものである。そのころの学生時代の昭和九年(一九三四年)に「其《そ》の後の佐賀県戦場ヶ谷遺《い》蹟《せき》と吉野ヶ里遺蹟に就いて」と題した論文が『史前学雑誌』に発表され、吉野ヶ里遺跡一帯の重要性が熱く述べられている。私はこの存在を知ったとき、ここから吉野ヶ里遺跡は始まっていることを教えられたのである。

それには「…北九州弥生式の研究は今一度《た》び考古学研究の処女地帯たる佐賀、長崎県地方の遺蹟、遺物を研鑽《けんさん》、見返って、然《しか》る後に北九州史前文化の一般を整理す可《べ》きものではなからうかと信ずるものである。ましてや、一度《た》び古来に於《お》ける大陸との交渉関係を考究する時、邪馬台国問題を再考する時、特に吾々《われわれ》は、今後に於ける北九州古代文化研究上の重要性は此の地方に与ふ可きものではなからうかと思ふ。…時恰《あたか》も、原始農業問題の云云《うんぬん》されつゝある折柄《おりから》、我等の前途に其の解決の鍵《かぎ》を与へんとするものは、我々の謂《い》ふ筑紫

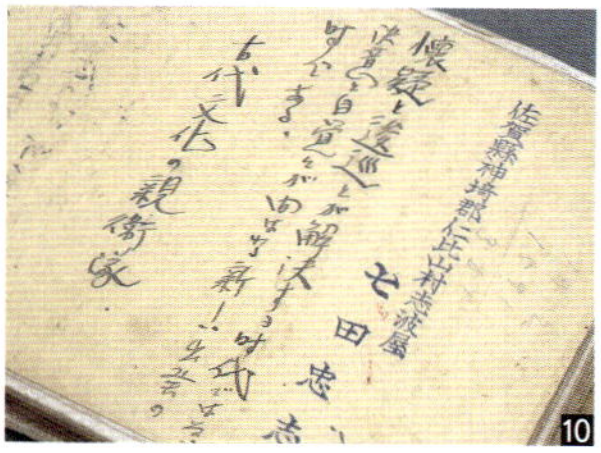


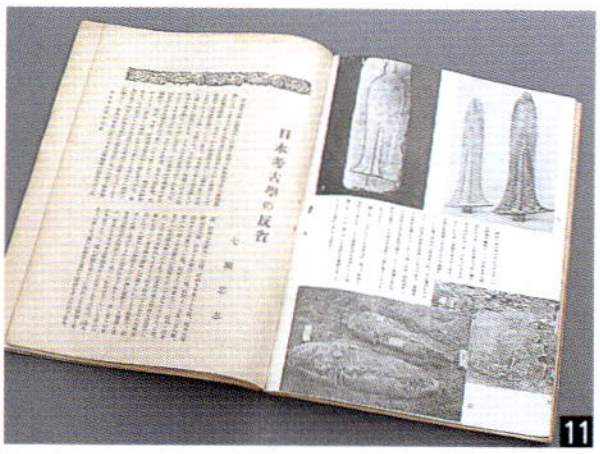


平野の研究ではあるまいか。吾々は今後に於ける、此の地方の研究が、吾が考古学会に多大の指示を提供するであらう事を疑はぬ」（『史前学雑誌』第六巻四号）。このように、七十年以上も前の昭和九年に吉野ヶ里と筑紫平野に注目するよう熱く訴えている。

七田一人の手弁当の世界で採取された、戦場ヶ谷遺跡や吉野ヶ里遺跡のわずかな量の土器片などの出土物が残されている。その土器片を前にして眺めながら、資金や資料も豊富で、大掛かりに研究のなされているいまの状況と比べ合わせてみると、わずかな出土採取物から邪馬台国の存在を想定していった、いまの研究者には見られない、突き抜けた確かな目に平服させられてしまうのである。このように、すでに吉野ヶ里は七田から始まっていたのであった。このことを分かっている人は佐賀に、日本に、いったい幾人いるのであろうかということを、いまの吉野ヶ里においては真面目《まじめ》に考えさせられてしまうのである。

## 「古代文化の親衛隊」として

また七田は、戦場に赴くとき（昭和十六年）に考古学の世界へも諫言を唱えている。

「考古学者のための考古学から、我々は国民の為の考古学へと本来あるべき姿に環《かえ》さねばならぬ。…我々は日本考古学の精神的革新を期待してやまぬものである」

このように「日本考古学の反省」と題して『歴史』という雑誌にその世界の問題

7――昭和13年(1938年)、奈良県・唐古遺跡を訪れた際のスナップ。右から七田、長田実、岡崎敬(当時中学生)、江藤千万樹。長田と江藤は「上代文化研究会」の代表格。岡崎は後、九大教授となり、九州の考古学をリードした。
8――昭和9年(1934年)5月の「上代文化研究会」公開講演会。講師は柳田國男。中央に見える白いシャツ姿が七田忠志。
9――上代文化研究会(昭和12年)。前列向かって右から樋口清之講師、鳥居龍蔵博士、秋山謙蔵教授。最後列右から2人目が七田。
10――調査ノートの表紙裏には「古代文化の親衛隊」と記されていた。
11――応召入営前の昭和16年(1941年)8月に発表された「日本考古学の反省」。

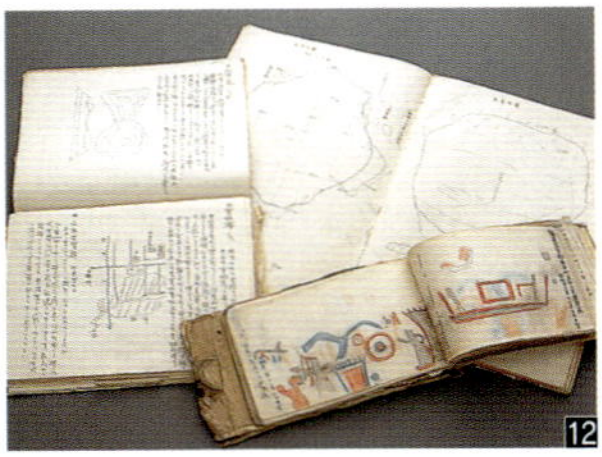

**12**――几帳面《きちょうめん》な字で細かく書き込まれたノート。装飾古墳のスケッチも。

■取材協力
七田忠昭、佐賀県教育庁社会教育・文化財課

点をえぐり出し、的確に訴えている。これこそ今日の、石器出土の捏造《ねつぞう》といった事件のはびこる土壌をもった我が国の考古学にこそ必要なことのように思われるのである。古来からの人間のなすことの本質を見抜く鋭い目をそこに感じるのである。

戦後、東南アジアから復員した七田は、東京の関係者から誘われても郷里を離れることはなかった。教職に就きながら地元において吉野ヶ里近辺の遺跡の重要性を説き、三津永田遺跡や伊勢塚などを体を張って守った人でもある。生徒たちを引き連れて遺跡を歩き、古代の歴史、考古学の重要性を目を輝かして語っていた熱心な先生であったと、いまも地元の人たちは口々に誇らしげに語る。故郷を思い日本を思った真の考古学者によって吉野ヶ里もまた守られたのである。

思い出すことがある。平成十二年(二〇〇〇年)、佐賀市立図書館において「人間考古学・七田忠志の世界展」を行ったとき、我が国考古学の重鎮である坪井清足《きよたり》先生に恐る恐るそのことを連絡したところ、「七田親分のためには飛んで行きます」との返事をいただいたことは忘れられない出来事であった。その言葉こそ考古学者七田忠志への勲章のように思えたからである。

手製の小さな遺跡調査ノートの表紙裏には、「古代文化の親衛隊」と、力強くペン字で書かれてあり、「志」の宿ったその文字こそ七田忠志そのものの、高い精神のすべてを表しているものであった。その透明感のある「志」は息子の忠昭さんに正しく受け継がれ、親子二代という時間を経て今日に姿を現したといえる。吉野ヶ里は七田忠志という先人によって始まったのである。

**13**――吉野ヶ里歴史公園／国と佐賀県による保存・整備が進む歴史公園。復元された建物や発掘物の展示などを通して、ムラからクニへと変わる弥生時代の姿を体感できる。
佐賀県吉野ヶ里町田手1869　9:00～17:00(6月～8月は～18:00)、12月31日・1月第3月曜とその翌日休、一般400円・小中学生80円　☎0952(53)3902　JR吉野ケ里公園駅または神埼駅から徒歩15分。

2001年7月号掲載

# 松本《まつもと》清《せい》張《ちょう》

## 松本清張《まつもときよはる》 四十歳。未だ世に出ず

松本清張は
小倉から上京して
プロの小説家になったとき
とうに四十歳を過ぎていた。
だが、その後の活躍は目覚ましく、
扱うテーマの幅の広さは
群を抜いていた。
報われない運命を背負う人々、
忘れられた史実、社会の奥の闇《やみ》…
これらへの興味の源はすべて
彼が無名時代を送った小倉にある。

■昭和24年(1949年)、40歳を目前にした松本清張。

文＝宮本まり
Text by Mari Miyamoto

# 帰ってきた魂

平成四年(一九九二年)八月四日、松本清張は、東京で八十二歳の生涯を閉じた。倒れるまで執筆を続け、長短約千編もの作品でファンを楽しませた、まさに国民的な人気作家だった。

その数年後、杉並区高井戸の自宅から、清張の膨大な蔵書類や書斎の品々がごっそり運び出された。行き先は九州である。

北九州市の小倉城を囲む公園の中に、「松本清張記念館」がオープンしたのは、彼の七回忌当日だった。遺品はすべて、館内に忠実に再現された自宅建物の中に、生前と同じ状態で置かれた。清張の魂は、彼が自らの創作の源と呼んだ小倉に甦《よみがえ》ったのである。

# うつむいて歩く男

昭和二十五年(一九五〇年)。そろそろ秋の風が吹いてくる季節の早朝に、小倉と筑豊をつなぐ国鉄添田線の線路の上を、ひどくゆっくりとした足取りで北に向かって歩いている男がいた。松本清張、満四十歳。このころはまだ、きよはる、と呼ばれている。

線路の上を歩くのは、彼の日課だった。自宅から通勤先の会社まで、直線に近いこのコースが一番の近道なのだ。レールの下に石ころが詰まった道はお世辞にも歩きやすいとはいえない。ごつい兵隊靴さえ傷んでぼろぼろになってしまった。市内電車に乗るという楽な手もあるが、夫婦と子ど

も四人、さらに老親二人の生活を背負う身では、電車賃も節約しなくてはならない。

それでもいつもなら約二キロほどの線路通勤は、もっと早くに歩き通せるはずだった。今朝、こんなにゆっくり歩いているのにはわけがある。落とし物を捜していたのだ。昨日、帰宅の途中にこの線路のどこかでポケットからシャープペンシルを落としてしまった。すぐに気付いて、日暮れまで目を皿にして捜したが見つからなかった。それが気になって、今日は早起きして家を出た。だからうつむいて下ばかり見て歩いている。

4

細いペンシルはひどく見つけにくかった。無数の石ころの陰のあちこちに潜んでいるようにも見えてどこにも無い。疲れて視線を上げると、線路

1――父の峯太郎と母のタニ。父は89歳、母は78歳で世を去るまで清張とともに暮らした。

2――清張の生後間もない明治43年(1910年)、一家は下関に移り、数年をこの地で過ごした。写真は母が餅屋を営んだ時代に住んだ旧壇之浦に当たる「みもすそ川公園」からの眺め。対岸にある門司の和布刈神社は、後に『時間の習俗』という作品の舞台になった。

3――愛用した万年筆。作家になってからは、太い万年筆で書痙《しょけい》になるほど多量の作品を書き続けた。

4――給仕をしていた15歳のころ。

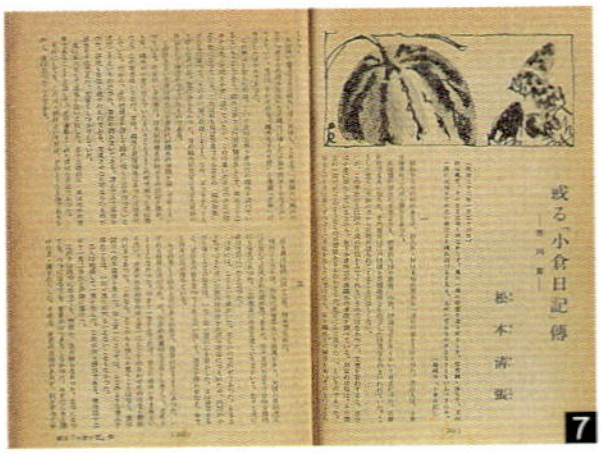
或る「小倉日記」伝
松本清張

の脇《わき》に伸び放題になっている雑草の緑が目に入った。

太平洋戦争が終わってまだ五年。物がない時代のシャープペンシルは誰にとっても貴重品だが、とりわけそのペンシルは彼にとって特別な一本だった。

「週刊朝日」が「百万人の小説」という名で創作を募集すると聞いたのは、その少し前である。一等三十万円という破格の賞金には驚いたが、それまでに物語を書いたことなどない。無縁な話だと思っていた。ところがあるきっかけで少しずつ書き始めて、友人に読んで聞かせると面白がってくれる。思いついた文章をすぐ書き留められるよう、手帳とペンシルを持ち歩くのが新しい楽しみになった。

そのペンシルを落としてしまったのだ。簡単にはあきらめきれなかった。しかしそんな失望感は目新しいものではなく、またか、と冷静に受け止める自分も一方にいた。世の中は思い通りにならないということは、これまで嫌というほど身に沁《し》みていたのである。

## 不遇の中の青春

清張の父、峯太郎は、生後すぐ養子に出され、その養家を少年時代に自ら捨てて、苦労して成人した。理論肌で学問を志した時期もあったらしいが、巡り合わせが悪く中途半端な知識を身に付けただけで終わっている。労働はあまり好きではなく、経済的には頼りにならない父親だった。対照的に母親のタニは、働き者だが無学だった。そんな父と母の間には喧嘩《けんか》が絶えなかった。

清張の前に生まれた女の子二人は早くに亡くなり、無事育ったのは小倉で誕生した清張だけである。不仲な夫婦も、この末っ子の一人息子には愛情を注いだ。もっとも注がれる方にしてみれば、うっとうしく感じられるときも多かったのだが。

清張が生まれた翌年、一家は下関に移った。関門海峡に面して半分海に突き出たようなあばら屋で、母は旅人相手に餅《もち》を売って生計を支えた。

夫婦はその後、小倉に戻り、行商や飲食店を営むが、成功とはほど遠い。

高等小学校を出た清張は進学をあきらめて、十四歳で会社の給仕として働き始めた。が、三年後にこの会社は閉鎖され、彼は失職する。
学問好きな父親の影響もあって、清張もよく本を読む少年だった。どうせ働くなら、と新聞記者を志望した彼は、小倉

5——門鉄(現・JR九州)のために描いた観光ポスター。デザイナーとしての腕も水準以上だった。
6——北九州市小倉北区砂津にあった旧朝日新聞西部本社社屋。円形と箱形を組み合わせた、当時としては斬新《ざんしん》な建物だった。新築まもないころ、若い清張は仕事を求めておずおずと訪れている。
7——『文藝春秋』昭和28年(1953年)3月、芥川賞発表号。「或る『小倉日記』伝」は当初、直木賞の候補だった。
8——小倉の自宅で執筆中の清張。昭和28年、芥川賞受賞直後の写真。44歳だった。

9

10

の小さな地方紙に職を求めたが、小学校卒では、と相手にされなかった。

本の次に絵画が好きだった清張は、結局印刷所の見習い職人になった。石版印刷の技術を覚えながら図案も描《か》けるようになり、十代の終わりからの十年間は、深夜まで働きづめの毎日だった。独立して自営の職人になったが、零細な仕事がほとんどで暮らしの不安は消えない。

ちょうどそのころ、朝日新聞が新しい九州支社を小倉に開くと聞いた清張は、新聞広告の図案を描かせて欲しいと売り込みに行った。これが縁となって社の嘱託になり、三十二歳のときには正社員に採用される。かつて憧《あこが》れた新聞社の一員になったのである。

しかし、新聞社の花形はやはり記者たちだった。とりわけ有名大学を出た幹部候補生と、地元採用の図案屋の間には、光の当たり具合に天と地ほどの開きがあった。自営の職人だったころの緊張感も薄れ、清張は一介のサラリーマンとして単調な日々を送るようになっていた。新聞社の、たった三十人ほどの広告部の中にも、部長を頂点とした派閥や出世争いや足の引っ張り合いがあり、エリートへの道を閉ざされた人間の屈折した思いが淀《よど》んでいるのだった。

ペンシルはまだ見つからない。時折レールを響かせて列車が近付き、その度に清張は線路脇によけた。轟音《こうおん》をたてて通過する車両を見ると、自分にもかつてあちこちに旅をした時期があったことが思い出された。

## 線路みち

戦後、朝鮮半島から復員してきた清張は、その日から家族の生活を支えなくてはならなかった。新聞社の当時の給料だけではとても食べていけない。内職として始めたのが、家族が疎開していた佐賀で仕入れた藁箒《わらぼうき》を卸す商売である。取引先は次第に広がっていった。

広島から大阪、京都。本業の合間を縫っての商売なので時間も旅費も余裕はなかったが、列車の待ち時間が少しでも空けば、彼は旅先の周辺を貪《どん》欲《よく》に見て回った。本で名前だけを知っていた場所に実際に立つと、疲れも消えてわくわくしたし、行きずりの人々の暮らしぶりに触れると、さまざまな空想が湧《わ》き起こってくるのだった。とくに、人から忘れられたひなびた史跡に出会ったときは、現実の苦労から解放されるような気がした。

しかし、次第に世情が安定して物が出回るようになると、粗末な箒は売れなくなった。清張自身もこうした生活が虚《むな》しくなり、一年半ほどで内職の旅は終わる。

やがて朝鮮戦争が起きた。小倉の占領軍キャンプから脱走した米兵が地元の民家を襲撃したが、事件はうやむやに葬られる。清張は、

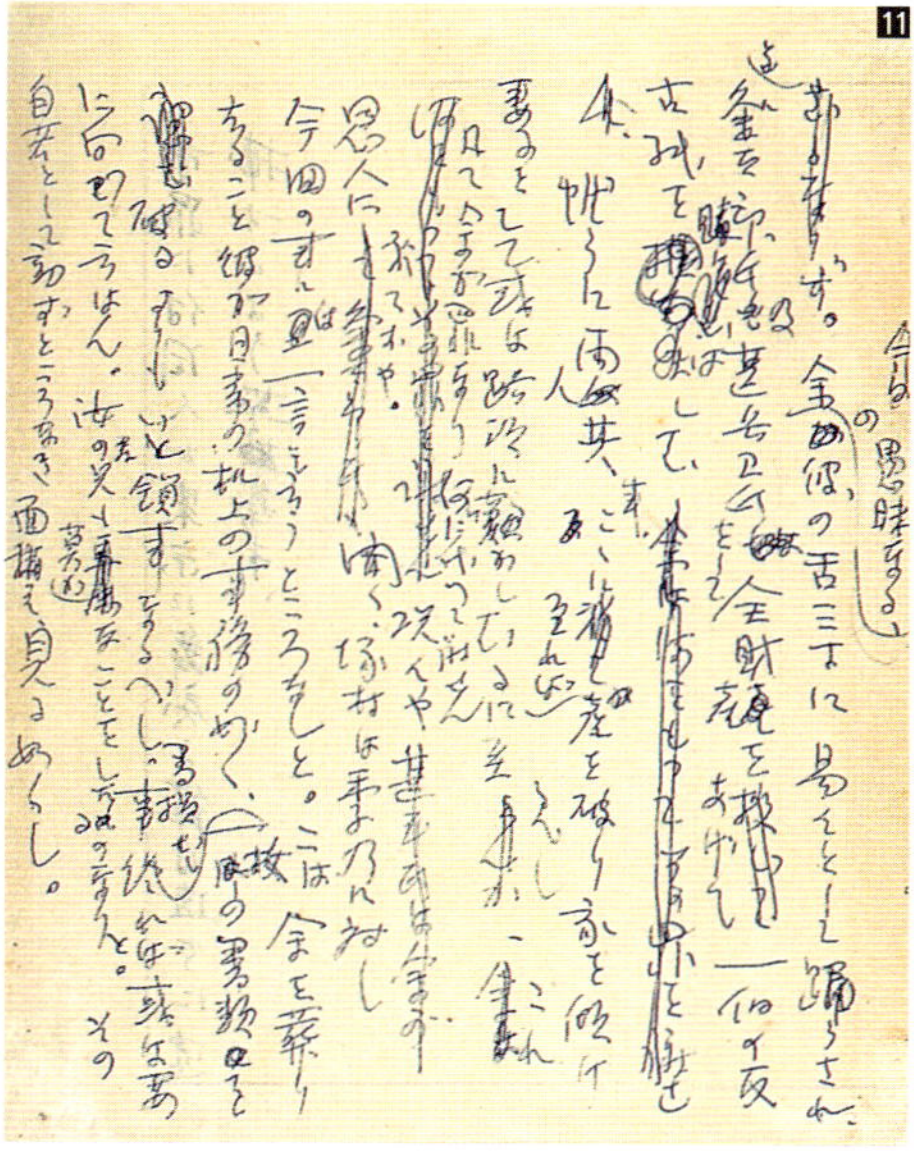

9——昭和28年(1953年)1月、芥川賞受賞を祝って小倉で開かれたパーティで、挨拶《あいさつ》を述べる清張。

10——現在記念館が立つ小倉城の石垣の前を歩く清張。昭和55年(1980年)、「或る『小倉日記』伝」のテレビ化の際、作者自身も小倉を訪れて番組に出演した。(写真提供:今村元市)

11——書き込みだらけの、処女作『西郷札』の草稿。清張はプロになってからも、原稿を繰り返し推敲《すいこう》するのが習慣だった。

12——北九州市立松本清張記念館／松本家の全面協力の下に北九州市が建設したユニークで本格的な文学記念館。約700点の著書の表紙が掲げられた展示室入り口は圧巻。北九州市小倉北区城内2-3勝山公園内　9:30～18:00、12月29日～31日休、一般500円・中高生300円・小学生200円　☎093(582)2761　JR小倉駅から徒歩15分、西小倉駅から徒歩5分。

時代の暗部を垣間見た気はしたものの、だからといって自分に何かができるとは思えなかった。

家族がひしめく狭い家にいても、出世の当てのない新聞社にいても、彼は終始いらいらしていた。線路を歩いて通勤していた日々を、彼はのちに自伝の中でこう書いている。

「草の生えた線路みちの途中には、炭坑があり、鉄橋があり、長屋があり、豚小屋があった。それがそのころの私の道であった」

そんな中でふと、閉塞《へいそく》した息苦しさから逃げるように思い立ったのが、懸賞小説を書いてみることだった。

## それからの物語

結局ペンシルは出てこなかった。新しいものを買うことはできず、ナイフで削った鉛筆で下書きをして、原稿用紙にインクで清書した。勤め先の資料室でたまたま開いた百科事典の短い記述から浮かんだ想像を、たった三十日間でまとめた小説「西郷札」は、締め切りに遅れたが何とか受け付けてもらうことができた。

その年の暮れ、朝日の文芸係から入賞という知らせが届いた。賞金は十万円。さらに「週刊朝日」に掲載されて、この処女作は彼の最初の活字化された作品にもなった。三年後の春、「或る『小倉日記』伝」で芥川賞を受賞。これを機に上京した清張は、せいちょう、という名で誰もが知ることになる有名作家への道を、ひた走ってゆく。

■参考資料
『半生の記』松本清張(新潮文庫)
『新潮日本文学アルバム・松本清張』(新潮社)
『松本清張研究　創刊号～第2号』(松本清張記念館)
その他、同記念館発行の企画展図録、館報類
■協力
北九州市立松本清張記念館

※本稿は松本清張の記述をもとに創作を交えて物語仕立てにしています。

大平庵酒蔵資料館コレクション

# 肥前《ひぜん》の酒造用具《しゅぞうようぐ》

九州屈指の酒どころに残された二千三百余点の道具類。温暖な九州で酒造りに励んだ蔵人の姿が浮かび上がる。

## 徳利《とっくり》と出前箱

■得意先から注文がくると、大徳利に酒を注ぎ、屋号の入った出前箱に入れて配達した。有田や波佐見で焼かれた磁器の大徳利は貸し出し用で、一升から五升という大きなものまであった。呉須で酒の銘柄や住所などが記されている。

文＝牛島千絵美
Text by Chiemi Ushijima
写真＝松隈直樹
Photo by Naoki Matsukuma

## 「大平庵酒蔵資料館」

肥前佐賀は肥沃《ひよく》な大地に育《はぐく》まれた米と良質の水に恵まれ、江戸時代から酒どころとして名を馳《は》せていた。藩の奨励もあり、江戸時代末期には約七百軒の酒造場があったという。しかし、昭和三十年代以降の急速な近代化、機械化の波は、酒造りの現場にも押し寄せ、酒造用具にも大きな変化をもたらした。佐賀県内の大半の造り酒屋は小規模で、巨額な資本投資に対応できないところは廃業に追い込まれる結果となった。酒造用具は大型のものも多く場所を取るため、ほとんどが廃棄処分となった。

清酒「大平」の醸造元・木下酒造は佐賀県多久市で明治元年(一八六八年)から酒造に携わったが、昭和四十八年(一九七三年)、四代目の木下治夫氏の代で廃業した。治夫氏は、杜氏《とうじ》も務

## 盛《もり》桝《ます》

■麹つくりの工程で使用された桶型の桝。側面の穴に指を入れ、片手で麹をすくい取って室蓋《むろぶた》に分配した。盛桝１杯分が室蓋１枚分。底や縁を彫って持ちやすく、すくいやすいよう工夫されている。

## 一《いっ》斗《と》桝《ます》

■米や水を量るなど、桝は酒造りのあらゆる工程に欠かせない用具で、いろいろな形や大きさのものがあった。昔は店頭売りの酒を量るのにも桝が使われ、徳利やカメに漏斗《ろうと》で注いで手渡した。これは米用の桝。

## 甑《こしき》下《げ》駄《た》

■蒸し用具のひとつ。蔵男が甑という大きな蒸し器の中に入り、蒸し米を取り出すときに履いたもの。火傷《やけど》を防ぐために、普通の下駄より二回りほど大きく、歯はほとんどない。

## 簀《さな》

■洗い終わった米を浸桶《かしおけ》の中で吸水させる漬米の工程で使用した。浸桶の下部には水抜き用の穴があり、米の流出を防ぐために網を張り、水抜きしたとき、水切れがよくなるよう、この簀を浸桶の底に敷いて使った。いろいろな形がある。

まるほど酒造りに熱心だった先代の広氏や、酒造りにかかわってきた多くの先人たちへの敬意と、苦楽を共にしてきた道具への愛情から、大切に保存してきた酒造用具の資料館を設立、広く一般に公開した。それが「大平庵酒蔵資料館」だ。

　館内は四つの展示場に分かれ、酒造用具とともに、麹室《こうじむろ》など建物も当時のまま見ることができる。

　その内容は、精米、米研ぎ、蒸し、麹つくり、仕込み、搾《しぼ》り、保存、出荷、販売など酒造りの工程に沿ったものから、信仰儀礼、蔵男たちの生活用具、酒器まで、二千三百三十四点にも及ぶ。これらは木下酒造で実際に使われていた用具を中心に、佐賀県内の酒造場から集めた用具を加えたもので、昭和六十三年(一九八八年)に「肥前佐賀の酒造用具」の名称で、国の重要有形民俗文化財に指定された。

## 赤《せっ》飯《かん》あせり

■蒸し工程の中で、敷布の上に打ち上げた蒸し米を冷ますときに、素早く薄く広げるための用具。

## 分《ぶん》司《じ》

■木製シャベルのような形で、甑の中の蒸し米を掘り起こし、取り出しやすくするために使った掘り棒。麹の切り返しにも用いた。

## 独《こ》楽《ま》

■米を蒸すとき、甑の穴に置いたのがこの独楽。八方に均一に蒸気が行き渡るよう、底に放射線状の溝が彫ってある。形は円形のほか、四角や六角形などいろいろある。

## もやし振《ふ》り

■麹つくり用具のひとつ。もやしとは種麹のこと。秤《はかり》で計量したもやしを入れ、適温に冷ました蒸し米に振りかけて種付けした。麹が均等になるよう、底には目の細かい網が張ってある。

酒造資料としては兵庫・灘の「菊正宗」、岩手の「南部杜氏」に続く指定である。

　日本全国、酒造りの基本は同じだが、温暖な九州ならではの暖地醸造の用具をはじめ、九州らしい特色が反映された用具も少なくない。

　例えば、佐賀は気温が高いため、酛《もと》取りや仕込みの工程で発酵が早く、それを抑えるために氷や冷水を入れた冷温器を用いた。有田や波佐見、塩田など焼き物の産地に近いため、出荷や小売り用の容器に焼き物が多いのも佐賀ならではだろう。また、竹細工が盛んな土地柄らしく、水切り用具などに竹製品が多いのも特徴の一つだ。

## 用具が語る酒造り

　用具が近代化されるまでの酒造りは、稲刈り時期の十月上旬から中旬の桶《おけ》直しに始まる。専属の桶屋がや

## 冷《れい》温《おん》器《き》

■酛の温度を下げて発酵を抑えるために、氷や冷水を入れて酛桶の中に入れて使った。温暖な九州ならではの用具。暖気樽が木製であるのに対し、熱が伝わりやすい金属製。

## 狐《きつね》桶《おけ》

■醪《もろみ》を酒袋の中に注ぐときに使った桶。手塩にかけた醪を一滴たりともこぼさないように、との思いから生まれたのが、先の尖ったこの形だったのだろう。

## 暖《だ》気《き》樽《だる》

■酛を作るとき、発酵を促すために、熱湯を詰め、酛桶の中に入れて使った木製の湯たんぽのような用具。把手《とって》を張り棒で押さえて蓋のところまで酛桶の中に沈めて使った。

ってきて、桶建て(桶の新調)や桶の輪替え、輪の締め直しを行った。また、十一月上旬の晴天の日を選び、用具を洗って柿渋《かき》を塗る「秋洗い」では、麹室や酒蔵の掃除・消毒、麹室の温度を保つために天井・壁・床に詰めている籾殻《もみがら》の入れ替えなども行って蔵入りに備えた。

十一月中旬になると、その年に収穫された新米が搬入され、酒造場の中の精米所で精米する。江戸時代は臼《うす》と杵《きね》、足踏み精米など人力によるものが主だったが、水車を設置したところもあった。

## 肥前佐賀の酒造工程

**一米研ぎ・清米**

流し場に米洗い場を組み立て、洗い桶や踏み桶を使って精米した米を手洗いまたは足洗いした。その後、浸桶に移して一昼夜おき、吸水させた。

**二蒸し**

## 泡尺

■仕込み用具のひとつ。発酵し泡立った醪液の上面を測り、醪の容量を測定するための道具。底蓋を閉じて親桶の中に立てて入れ、泡の下の液面に達したら柄を抜いて底を開け、液を入れて空寸を測った。

## 酒袋《さかぶくろ》

■槽《ふな》掛けの工程で使用。発酵が終わった醪を詰め、圧搾して原酒と酒粕に分けた。1袋に入る醪は約10リットル。綿製で使い込むほどに飴《あめ》色になっていく。破れや擦り切れは繕《つくろ》い、大切に使った。

## ぽんぽん

■仕込みの過程で醪の成分を分析するため、醪液を採取するときに使った竹製の用具。発酵して泡立った醪の中で液だけが入るよう、透かし部分は晒布《さらし》で覆って使った。蛍籠《ほたるかご》という風流な別名も。

## 泡《あわ》巻《まき》

■細く割った竹を薄く削《そ》ぎ、網代《あじろ》編みにしたもの。仕込みの過程で発酵が進むにつれて発生した醪の泡が親桶からあふれ出るのを防ぐために、桶の縁に巻いて使った。

吸水させた米を水切りし、甑で蒸して、麹米・酛米・掛け米を作る。

**三 麹つくり**

麹用の蒸し米を適温(三十三、四度)に冷まし、麹室で床に広げ、もやし(種麹)を振る。麹が出来上がるまで二昼夜かかった。

**四 酛取り**

冷水を入れた半切りに麹、酛用蒸し米を入れて撹拌《かくはん》、摺《す》り潰《つぶ》し、酛桶に集める。暖気樽や冷温器で温度を調整しながら発酵させると、約三十日で生《き》酛が出来上がる。

**五 仕込み**

酛を三尺桶に移し、掛け米、麹、水を初添え、仲添え、留添えの三段階に分けて加える。初添えから約二十日で発酵が完了し、醪《もろみ》ができる。

**六 槽掛け**

発酵が終わった醪は、酒袋に詰めて酒槽の中に積み上げ、梃子《てこ》の原理で圧搾して原酒と酒粕に分ける。原酒は地下に埋設したカメに溜《た》め、滓《おり》引きとろ過で清澄度を高めた。

**七 夏囲い**

原酒は殺菌と保存性を高めるために加熱し、親桶で密封保存。量が少ない吟醸酒は囲いカメに貯蔵した。

1——大平庵酒蔵資料館／佐賀県多久市東多久別府4650　10:00～17:00、大人200円・小中高校生100円、第2火曜日休 ☎0952(76)2455　JR東多久駅から徒歩4分。

■参考資料
『肥前佐賀の酒造用具』
(大平庵)

# 小《こ》作《さく》米《まい》取《とり》納《おさえ》帳《ちょう》

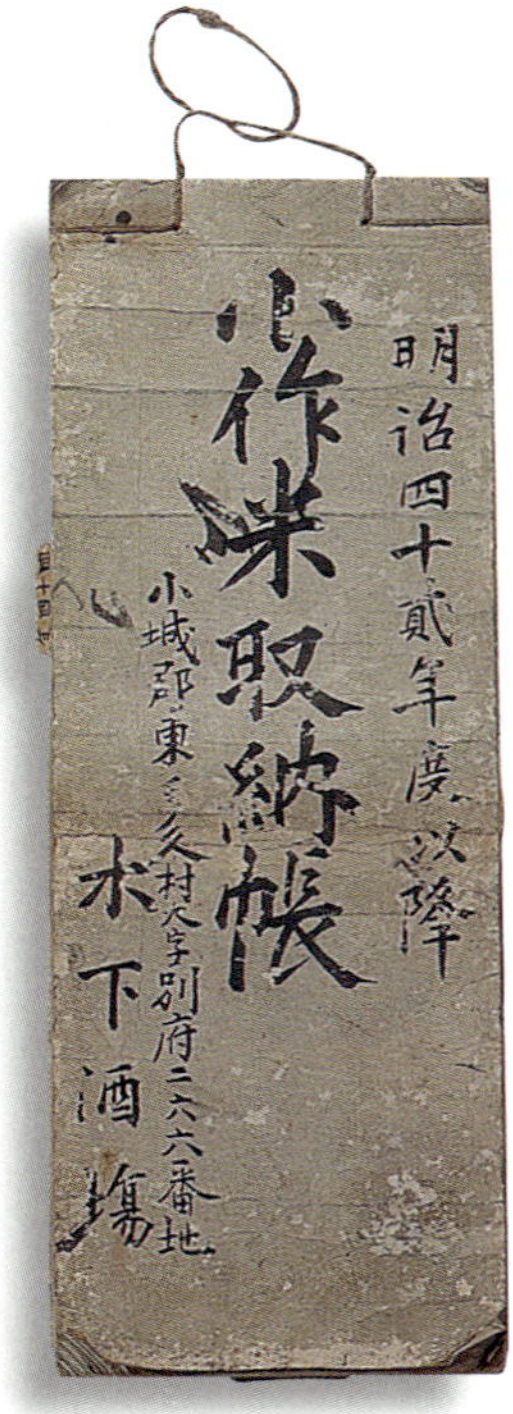


■かつての酒造場は広い農地を所有し、小作人に貸し出して米を作らせていた。収穫が終わると、小作人は酒造場に米を納入したが、これはそのやり取りを記録した明治42年(1909年)のもの。

# 指《さし》樽《だる》

■鍋島藩御親類同格としてこの地を支配した多久家の家紋が入った旅行用の酒樽。指物大工の手によるもので、木下家の酒器コレクションのひとつ。

**八詰め出し**
貯蔵した酒は注文に応じて出荷した。卸し用は樽やカメに詰め、小売り用は瀬戸樽に詰めた。

酒造りに使う道具は多い。杜氏や蔵男たちは器用な人が多かったらしく、桶や樽以外の木製品の多くは自分たちで手作りしたという。酒造りを知り尽くした男たちが作るのだから、少しでも使いやすいように、細部に至るまで小さな工夫や気遣いが見える。手に合わせて削った跡も当時のままだ。防腐剤として使った柿渋も昔は自家製が当たり前で、造り酒屋にはそのための渋柿の木が植えてあったそうだ。酒造りをやめて久しい木下家の庭にも数本の渋柿の木が残っている。

丁寧に作られ、大切に保存されてきた道具は、先人たちの酒造りに対する真摯《しんし》な姿勢をいまに伝えてくれる。

# 「ミスター・トルネード」と呼ばれた博士
# 藤《ふじ》田《た》哲《てつ》也《や》

もしノーベル賞に
気象学の分野が
あったなら
きっと受賞して
いたはずと
世界が認める
日本人学者がいた。
彼の一生を貫いたのは
ものの本質を
突き止めたいという
純粋な探求心だった。

文＝宮本まり
Text by Mari Miyamoto

■手作りのトルネード製造マシンで、竜巻を作って見せる藤田博士。平成13年(2001年)に開催された「北九州博覧祭」では博士を紹介するコーナーが設けられ、このマシンと同じ原理で竜巻をつくって人気を集めた。

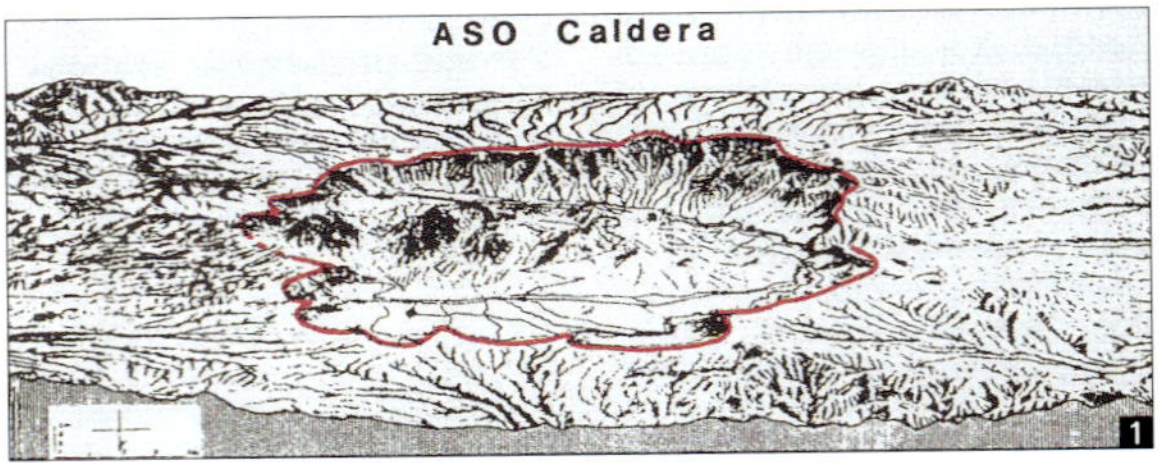

1

# 「F」はFujitaのF

外国で知名度が高い割りに、祖国ではあまり知られていない日本人、というコンテストがあったら、藤田哲也博士は間違いなく上位に入賞するだろう。

世界中で一年間に観測される竜巻(トルネード)は千個を超え、実にその四分の三がアメリカに集中している。竜巻の被害が大きく、関心も高いアメリカでは、当然、研究者の層も厚い。しかし彼らが竜巻の大きさを測るのに用いる"Fスケール"という単位をつくったのは、日本人の藤田博士なのだ。

三十歳を過ぎて単身アメリカへ渡ったひとりの科学者が、どのようにかの竜巻大国でその分野の第一人者になっていったか。それはまるで、風が広々とした野を吹き抜けていくような爽快《そうかい》な物語である。

# 科学の芽

大正九年(一九二〇年)、現在の北九州市小倉南区の中曽根で、藤田哲也は誕生した。小学校の教員だった父はこの長男をかわいがり、近くの貫山《ぬきさん》に連れて登ったり、周防灘に面した海岸の干潟で遊んだりした。

干潮時には2キロ沖の間島《ましま》まで歩いて渡れるが、潮が満ちてくると走って戻らなくてはならない。潮の満ち干は月と太陽の引力で起こる、と父に教わって感心した哲也少年は、天文学に興味を持ち始める。

旧制小倉中学(現・小倉高校)に入学後、その興味はさらに本格化し、手製

2

の望遠鏡で太陽黒点を観測して、太陽の回転周期の変化を調べるほどになった。この研究に小倉中学は学校初の理科賞を与えるのだが、息子に科学の芽を植え付けた父は、受賞の二カ月前に世を去っていた。その二年後には優しかった母もまた他界し、遺《のこ》された弟と妹、祖母の生活が二十歳そこそこの哲也の肩にかかってきた。生涯でもっともつらい時期だったろうが、明治専門学校(現・九州工業大学)に進んでいた彼の知識欲は少しも衰えない。

アルバイトで地質学の教授の助手として調査に同行するうち、等高線のある地図を見ると、頭の中に立体の図形が浮かぶようになった。それを描き起こすこともできる。本来の専攻は機械工学科だから、地図は畑違いなのだが、彼の頭の中には最初から科学をせせこましい領域に区切る塀がない。次々と興味が向くままに修めた天文学、機械工学、地質学…はすべてのちに、気象学者としての研究に生かされることになる。

1——昭和15年(1940年)、20歳のときに、5万分の1の地図から描き起こした阿蘇山の立体図。頭の中にコンピューターが入っているのでは、と思わせる出来だ。
2——アメリカの気象専門誌『Weatherwise』1999年5･6月号。藤田博士の生涯と功績を讃えた特集号。
3——哲也(後列右)が14歳のときの家族写真。父友次郎はこの4年後、母よしえは6年後に世を去った。

4

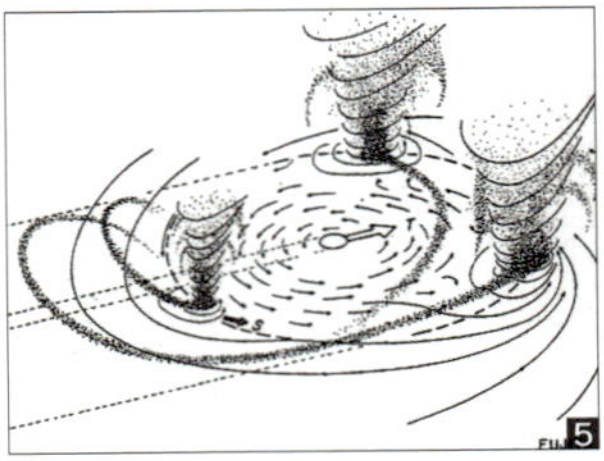
5

## 紙屑《くず》カゴの中の論文

終戦当時、母校の物理学の助教授になっていた哲也は、原爆投下三週間後の長崎を調査した。惨状に言葉もないまま、爆心地を中心に倒れた木や放射線の跡を調べて回る。目的は、原爆が爆発した位置を正確に推定することだった。

しかし、強い衝撃波を受けて散らばる焼け跡から正確なデータを集めるのは難しかった。難航する調査の中で、彼は墓地の竹の花筒に着目する。斜面にあることが多い長崎の墓地で、竹筒に残る焦げた跡を丹念に調べた結果、爆発は上空五百二十メートルで起こったと推測された。

まず現象を細かく計測してデータを積み重ね、次にはそこから一気に大胆な(本人は科学的な確信を持っているのだが)結論をつかみ出すのが、藤田哲也のやり方だ。この手法で彼は、日食も火山も台風も、手当たり次第に測っては分析し続けた。

昭和二十二年(一九四七年)、福岡と佐賀の県境の脊振山頂測候所で強い雷雲の気圧と風を測定した哲也は、雷雲の下にそれまで知られていなかった下降する気流の存在を確信し、論文にまとめた。

国内の学会からは反応がなかったが、ある知人が彼に、当時脊振山頂にあったレーダー局の紙屑カゴから出てきたと、似たようなテーマの英語の論文を渡してくれた。この紙屑が、藤田哲也とアメリカをつなぐ糸口になるのである。

その論文の著者は、シカゴ大学のバイヤース教授だった。哲也が自分の論文を英訳して送ると、返事が来た。ドクター・フジタにぜひ渡米してほしい、と。論文の水準からてっきり哲也を博士と思い込んだのだ。

昭和二十八年(一九五三年)の八月。理学博士の称号が東大から授与されて一週間後には、哲也はアメリカに向かう飛行機に乗っていた。

## 愛されたテッド

それから四十五年間、短い帰国を挟《はさ》みながら藤田博士はアメリカで暮らした。四十八歳でアメリカ国籍を取得してからは、テオドア(テッド)・フジタ、とも名乗っている。

訪問研究員からスタートしたシカゴ大学で、気象学教授へと上り詰め、七十歳で定年を迎えたのちも、多大な貢献をした特別教授として、研究を続行することができた。

平成十年(一九九八年)、七十八歳で彼が世を去ったとき、日本での報道はごく簡単だったが、アメリカでは「ミスター・トルネード」の死は大きく報じられた。当時のアメリカの気象専門誌にも、博士を知る研究者たちの声がいくつも寄せら

6

4――普段見えないものが、空からはよく見える。博士は調査に飛行機を活用し、大きな成果を上げた。
5――昭和46年(1971年)に発表した、子竜巻の存在を予言した図。
6――竜巻、家族、恩師…など、藤田博士をめぐるエピソードを、アメリカの仲間が描いた絵。右下には長崎の墓地で原爆の調査をする博士が描かれている。

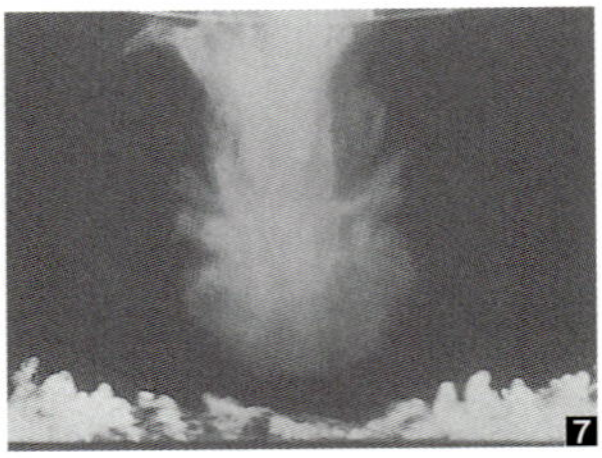
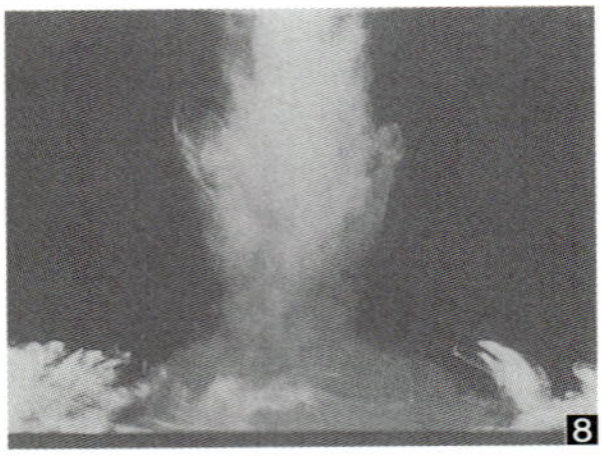
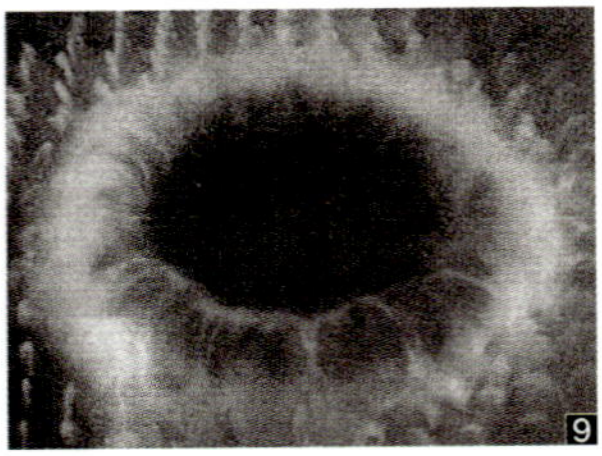

れている。

「彼との出会いは、私にはローマ法皇との出会いに等しかった。彼の暴風雨科学に対する影響は計り知れない。彼のいない世界は少しつまらないものになるだろう」

「フジタは、私がこれまで出会った中でおそらく、最も独特の才能を持つ人物だった。彼とともに働けたのは並外れた幸運だった」

「彼は常に、すべての競争相手より真っ先にゴールに到達した。多くの人々は途中で道に迷って荒野の果てに取り残され、彼が出した報告書を読んだのちに、戻る道を発見した」

そして誰もが口をそろえるのが、博士の人柄の素晴らしさである。一介の高校生にも真摯《しんし》に分かりやすく解説する分け隔ての無さ。調査現場で発揮される愉快でエネルギッシュなリーダーシップ。かけひきは下手だったが、そんなものが不要な独創性…テッド・フジタは、彼らから尊敬され、深く愛されていたのだった。

## ミスター・トルネード

博士の学問上の功績は数え切れない。中でも竜巻に関する研究と、ダウンバーストの発見は、多くの人命を救うものだった。

渡米して四年目、バイヤース教授の依頼で博士は、ある地方都市を襲った巨大竜巻を調査した。住民が撮影した約二百枚の写真をもとに、地質学で鍛えた測量技術を駆使して、博士は竜巻の発生と通過経路を図にまとめた。

「普通の人には見えていないものが彼の目にははっきりととらえられる」。博士の仕事は常にこう称賛されたが、このときも例外ではない。

それ以来、竜巻を発生させる雷雲の調査、巨大竜巻の内部に潜む子竜巻の発見、竜巻の被害状況から風速の程度を推測するFスケールの発明…と、博士の研究は続く。

「ミスター・トルネード」の誕生だ。アメリカでは毎年竜巻の犠牲者が少なくない。博士はこの大きな敵の正体に迫ることで、被害を防ぐ道を探ろうとしたのである。

## ダウンバースト

昭和五十年(一九七五年)、ケネディ空港に着陸寸前の旅客機が墜落し、百二十五人の死傷者を出す大惨事となった。当初はパイロットの操縦ミスとされたが、納得できない航空会社は、博士に調査を依頼した。

短時間に吹いた強風が原因らしいと突き止めた博士は、その現象をダウンバースト(下降噴流)と命名する。冷たい空気の塊が上空から急速に落下して地上にぶつかった際に、周囲に爆発状に広がる空気の流れが強風となるのである。

中心から放射状に広がるこの風をイメージしたとき、博士が連想したのは長崎

7——ダウンバースト実験・1、下降する冷気の塊。
8——実験・2、下降流は周辺に平らに広がる。
9——実験・3、周辺の空気を上から見ると、急速に広がる空気の輪となり、放射状に強い風が生じる。
10——昭和54年(1979年)、テキサス州で撮影された写真。博士が予言した子竜巻が、くっきりと姿を現わしている。

の爆心地の情景だった。

ダウンバーストの存在が知られてからは、主要な空港には予測装置が設置され、同種の事故は激減した。

## 故郷に藤田記念館を

気象に関する内外のあらゆる賞を受賞したミスター・トルネードも、病気には勝てない。晩年の二年間はベッドの中で夫人(すみ子さん)の助力を受けながら研究を続け、エルニーニョに関する新説を発表した。が一方では、自分の体調や痛みまで冷静に測定してグラフ化している。最後まで科学者の魂を忘れていない。

一時はシカゴ大学の気象研究棟四階の十六室を占めた博士の研究設備は、この比類ない指導者の死後、使いこなされずに撤去寸前になっていた。「故郷に藤田哲也記念館を」と、声を上げたのは、博士の母校・旧制小倉中学の同窓生や明治専門学校の教え子たちを中心とする北九州の人々だった。

「ほんとうに面白い授業をする先生だったんですよ。次世代の子どもたちの科学への興味を育てるためにも、ぜひ」と、藤田記念会の今本善之助さんは言う。

シカゴ大学の研究設備や資料類は、会によって日本に運ばれた。コンテナ二・五台分、三百六十七個もの段ボール箱は壮観だった。

平成十三年(二〇〇一年)に開催された「北九州博覧祭」では、博士の研究室を再現したコーナーが設けられ、人気を集めた。最近では、頻発する竜巻に、日本でも「Fスケール」が注目を浴びつつある。藤田記念会は、「博士の偉大な功績を広く伝え、地元に記念館を」と、顕彰活動を続けている。

■参考資料
『ドクター・トルネード 藤田哲也』藤田哲也(藤田記念館建設準備委員会事務局)
『THE MYSTERY OF SEVERE STORMS』藤田哲也(シカゴ大学)
『STORM TRACK』
■協力
藤田記念会

2003年2月号掲載

# 変革の時代に生きた青い目のサムライ商人
# トーマス・ブレーク・グラバー(上)

**スコットランドから
上海、
そして長崎へ。
幕末の激動期を
一人の商人として
生きた男・グラバー。
日本の近代化に
大きな影響を与えた、
その活動と
生涯をたどる。**

■トーマス・ブレーク・グラバー。写真好きだったといわれ、多くのポートレートやスナップが残されている。(写真提供／長崎歴史文化博物館)

文＝多田茂治
Text by Shigeharu Tada

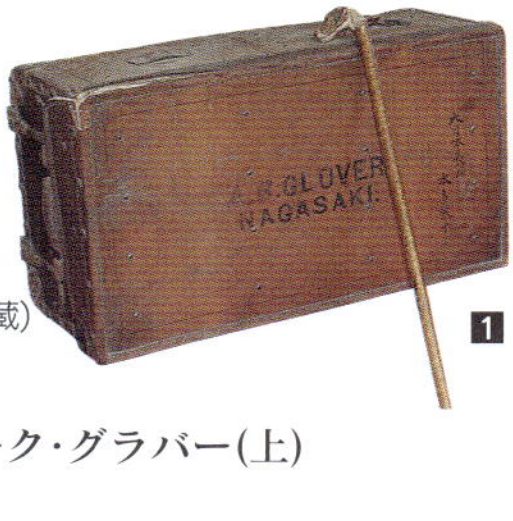


1——グラバー愛用のトランクとステッキ。(グラバー園蔵)

# 弱冠二十六歳の建て主

長崎の観光名所、グラバー邸が南山手の丘に異国風の姿を現したのは、尊皇攘夷《じょうい》、討幕維新の嵐が吹き始めた慶応元年(一八六五年)春のことだが、建主のトーマス・ブレーク・グラバーは、まだ二十六歳の若者だった。

傾斜面の宅地造成から一年がかりの工事で、棟梁《とうりょう》は同時期に大浦天主堂も請け負った小山秀之進の小山商会。設計はグラバーの希望を容《い》れて、バンガロー形式の平屋建てで、サロン、応接間、事務室、寝室、夫人室、使用人室、キッチンなどを備えていたが、のちに大食堂や温室を増築していまの姿になっている。

この屋敷の庭先に、強い海風で幹や枝が曲がりくねった大きな「よんご松」が在ったところから、グラバー邸は長崎っ子から「よんご松のガラバさん」と呼ばれていた。

グラバーはこの松に愛着を持ち、明治十年(一八七七年)の西南戦争のころ、多くの客をもてなす大食堂や、大好きな草花を育てる温室を継ぎ足したとき、邪魔になるよんご松を伐《き》り倒すに忍びず、そのまま温室内に取り込むという破天荒なことをやってのけている。

これで一段とグラバー邸は衆目をひきつけることになったが、よんご松は日清戦争のころ、松食い虫にやられて伐り倒され、いまはその勇姿が見られない。

# 遥《はる》かな東洋へ冒険の旅

トーマス・グラバーは一八三八年六月六日、スコットランド、アバディーン州の沿岸警備隊司令(海軍大尉)トーマス・ベリー・グラバーの五男として生まれている。兄四人(四男は夭逝《ようせい》)、弟二人、妹一人の八人兄弟。

北海に面した古都アバディーンは、漁業、北海油田の基地、造船業などで発展してきた町だが、グラバーはこの町で中等教育を受けたあと、遥かな東洋に夢を燃やして、十九歳のとき、まず上海に渡って来ている。

北の厳しい自然と闘ってきたスコットランド人は進取の気性に富み、アメリカ移住者も多かったが、東洋をめざす若者集団もあり、グラバーはその先頭を切っている。

上海で貿易業務を学ぶうち、安政六年(一八五九年)七月、

2――1866年(慶応2年)、立山(現・JR長崎駅前)から見た長崎の町と長崎港口。出島や大浦居留地も見える。F・ベアト撮影。(写真提供/長崎大学附属図書館)

3――落合素江「大浦ガラバヤ氏邸の図」(明治10年ごろの作)。グラバーが愛した「よんご松」も描かれている。(写真提供/長崎歴史文化博物館)

4

長崎が開港すると、いち早く長崎に乗り込んで来ている。ときに二十一歳。若輩だけに、最初は「トム」と軽く呼ばれ、事務所も大浦外人居留地の裏通りに開いたが、まず日本茶の生産・輸出を手始めに、石炭、木綿、毛織物などの輸入に手を広げて、わずか二年で海岸通の一等地に事務所を移している。これで主だったイギリス商人のひとりとなり、「トム」から「トーマス」に格上げされている。

彼は貿易で財を築く傍ら、ヨーロッパ文化の導入にも積極的な役割を果たしている。その第一が屠牛《とぎゅう》場の建設だった。居留外人が食肉に困っているのに着目したグラバーは、来日三年目に長崎湾口に近い古河《ふるこ》海岸に五百坪を埋め立て、屠牛場を作ったが、これが長崎はもとより近隣諸藩も刺激して、同地方に牧畜の種を蒔《ま》いている。

## 薩摩藩士の密航援助

グラバーが「冒険商人」として名を挙げたのは時勢の運もあった。

攘夷の火の手が上がった文久三年(一八六三年)の四月初め、長崎港にイギリスの軍艦二隻が入港してきて、町は騒然となった。

前年九月、神奈川の生麦で薩摩藩の行列を横切ったイギリス人を藩士が切り捨てた「生麦事件」が起きていたが、イギリスが幕府に十万ポンド、薩摩藩に二万五千ポンドの賠償金と犯人の処刑を求め、応じなければ開戦も辞さず、と臨戦態勢に入ったのだ。

開戦となれば、在留英人は危難にさらされる。グラバーが対応に苦慮していたとき、一人の長州藩士(伊藤俊輔とも伝えられる)が訪ねてきて、藩士数名が西洋密航を企てているが、その手助けをしてもらえぬかと言う。攘夷の急先鋒の長州藩士が西洋密航とはと驚いたが、グラバーは即座に承諾、横浜の「英一番館」ジャーディン・マセソン商会に応援を頼み、密航の準備が進められた。

この密航の首謀者は井上聞多《もんた》(馨《かおる》、二十八歳)で、同行者は遠藤謹助(二十七歳)、山尾庸三(二十六歳)、伊藤俊輔(博文、二十二歳)、野村弥吉(井上勝、二十歳)の五人組だった。

井上と伊藤はつい数カ月前、高杉晋作指揮のもと、品川御殿山のイギリス公使館を焼き打ちしたばかりである。

渡航費は一人千両。小姓役の井上が藩主の内諾を得て多少の資金援助を受け、あとは井上と伊藤の才覚で五千両をそろえている。

密航五人組は六月下旬、横浜の英一番館に勢ぞろいして、断髪、不似合いな洋服に着替えて、マセソン商会所有の蒸気船でまず上海へ向かい、上海で大型帆船二隻に分乗してロン

4——五代友厚。政界から実業界に転身し、大阪商法会議所創設など、商都大阪の発展に貢献した。(写真提供／大阪商工会議所)

5——英国に密航した長州藩士。後列右から伊藤俊輔、野村弥吉、遠藤謹助、前列右・山尾庸三、左・井上聞多。(写真提供／長崎歴史文化博物館)

6

7

ドンを目指している。

その横浜出港の前々日、長州藩は下関海峡に停泊中のアメリカ商船を砲撃していたが、電報も電話もない時代、国元の大事出来《だいじしゅったい》を知らないままの出港となってしまった。

彼らが初めて、長州藩の外国船砲撃、その報復として、英米仏蘭の四国連合艦隊の下関砲撃、砲台占領という大事態を耳にしたのは、ロンドン到着三カ月後のことである。

五人は協議を重ね、死を賭して攘夷の藩論を転換させるため、井上と伊藤が急遽《きゅうきょ》帰国し、他の三人はイギリスに止《とど》まって勉学を続けることになった。井上と伊藤の帰国の船は、グラバー家の長男チャールズが弟二人とアバディーンで営むグラバー兄弟商会が手配してくれている。

短期間だが、このとき西洋を見聞した井上聞多と伊藤俊輔は明治新政府の中枢に座り、残って勉学に励んだ三人も、山尾庸三は造船の大家となって工部卿(大臣)まで昇り、野村弥吉は鉄道庁長官、遠藤謹助は造幣局長になり、それぞれ日本の近代化に貢献している。

さらに、グラバー邸が完成した慶応元年(一八六五年)には、留学生十五名を含む薩摩藩十九名のイギリス密航があるが、これはすべてトーマス・グラバーのお膳立《ぜんだ》てによるものだった。

グラバーは薩摩の五代才助(友厚)と商取引を通じて早くから親交があったが、先見の明があった五代が、前年の夏、グラバーの意見を取り入れた近代化促進の上申書を藩主に上提していた。それが認められて、イギリス密航が内諸されたのだった。

監督に松本弘庵(寺島宗則、三十三歳)と五代才助(三十歳)が任命され、留学生には優秀な若者たちが選ばれたが、その中には、初代文部大臣となり、帝国憲法発布の日に暗殺された森有礼《ありのり》(十八歳)や、のちにアメリカに渡り、広大な葡萄《ぶどう》園を開拓して「葡萄王」の異名をとった最年少の磯永彦輔(長澤鼎《かなえ》、十三歳)などがいた。なお、磯永は永くアバディーンのグラバー家に寄留して教育を受けている。

## 徳川幕府の叛逆人

グラバーは多くの勤皇志士と交わったが、なかでも薩摩の五代友厚との関係が深かった。二人が初めて顔を合わせたのは文久元年(一八六一年)夏のことだが、五代は若いころ長崎の海軍伝習所で学んでいたので、藩命で蒸気船購入のため、グラバーと交渉に来たのだった。このときの商談は不調に終わったが、これをきっかけに、グラバーは武器、艦船の取り引きに手を広げ、大を成すに至っている。

グラバーがとくに儲《もう》けたのは艦船

8

6・7——グラバー邸の屋根裏に造られた隠し部屋とその入り口。
8——旧グラバー住宅の食堂に展示されているアイスクリーム製造機。当時の生活をしのばせる。(写真提供/グラバー園)

9・10――長崎港を見晴らす高台に建てられたグラバー邸。長崎を代表する観光施設として知られる。現存する木造洋館としては日本最古のもので、重要文化財に指定されている。温室部分などは1877年(明治10年)までに増築された。

で、元治元年(一八六四年)から慶応四年(一八六八年)にかけて、薩摩、長州、熊本、佐賀、宇和島などの諸藩や幕府に合計二十四隻も売り込んでいる。中でも多いのが薩摩の六隻だが、これも五代を介しての取り引きだ。

グラバーは万一の場合に備えて、南山手の屋敷の屋根裏に隠し部屋を造っていたが、そこに刺客《しかく》に追われた五代をかくまったこともあった。長州の桂小五郎(木戸孝允《たかよし》)がここに逃げ込んだこともあったが、上海で買い込んでいた自社の船で、夜陰にまぎれて桂を脱出させ、その船をそのまま長州に売りつけている。

商売にも抜け目はなかったが、多くの勤皇志士と交わるうち、グラバーは討幕派に肩入れするようになる。艦船、武器を多く売り込んだのは討幕派の諸藩だった。

慶応二年(一八六六年)九月には、薩英戦争を戦った薩摩とイギリスを和解させるため、英国公使ハリー・パークスの鹿児島訪問をお膳立てして自分も随行、大名並みのもてなしを受けている。このとき、パークスは島津久光(藩主の父)と会談して、それまでの幕府寄りの立場を一変させている。

明治になって長州・毛利家が維新史『防長回天史』を編んだ際、取材を受けたグラバーはこう広言した。

「このグラバーが一番役立ったことは、パークスと薩摩、長州との壁をぶちこわしてやったことだ。私は日本の大名たちと何百万の取り引きをしたが、私は日本のサムライの根性でやった。徳川幕府の叛逆人のなかでは、自分が最も大きな叛逆人だと思っている」

■写真協力
長崎歴史文化博物館
長崎大学附属図書館
大阪商工会議所
■撮影協力
グラバー園

2003年3月号掲載

# 日本の近代化に大きな足跡を刻んで トーマス・ブレーク・グラバー(下)

わずか10年の「グラバー商会」時代に長崎最大の貿易商となったグラバー。その商才は造船業、炭鉱開発、ビール醸造などにも発揮された。文明開化の立て役者としてのグラバーを紹介する。

■明治41年(1908年)、勲二等旭日重光章を受勲したときのグラバー。当時70歳。(写真提供/長崎歴史文化博物館)

文＝多田茂治
Text by Shigeharu Tada

1 ――グラバーが使ったと伝わる筒型望遠鏡。(グラバー園蔵)

2

3

4

# 日本初の陸蒸気

南山手の丘にグラバー邸が完成した慶応元年(一八六五年)七月、トーマス・グラバーは長崎っ子のドギモを抜くデモンストレーションをやってのけた。上海博覧会に出品された英国製の蒸気機関車アイアン・デューク号を輸入して、大浦海岸に三百メートルほどの線路を敷き、客車三両をつないで走らせてみせたのだ。

「ガラバさんが大浦で陸《おか》蒸《じょう》気《き》ば走らさすげな」と評判になって、連日、黒山の人だかりだった。

明治五年(一八七二年)の新橋—横浜の鉄道開通より七年も早い、機関車の日本デビューである。

翌年には、親密な五代友厚を介して薩摩藩と共同で、長崎湾口に近い小《こ》菅《すげ》でスリップ・ドックの建設に着手した。

五千四百坪の敷地は薩摩藩が負担し、工事費四万ドルはグラバーが出資、機材はアバディーンの工場に発注した。

ドックは、長さ百十フィート、幅二十四フィート、修理船をレールに乗せて海面から引き揚げる構造がソロバン型だったので、通称「ソロバン・ドック」と呼ばれた。

この小菅修船所は長崎を造船の町とした発祥の地として、現在、その跡が史跡として保存されている。

小菅修船所の操業開始は明治二年(一八六九年)一月だが、すでに経営難に

陥っていたグラバーは、その直前に明治新政府に売り払っている。資金の四万ドルを取り戻すのがやっとだった。

討幕勢力を助け、「われこそ徳川幕府最大の叛逆人」と自負したグラバーだが、皮肉なことに、維新がグラバー商会の倒産を招くことになってしまった。内戦終結で、武器、艦船が売れなくなった上、掛け売りが多かった薩摩藩はじめ有力諸藩が軒並み財政難に追い込まれたため、返済が滞るようになってしまったのだ。

明治三年(一八七〇年)九月、グラバーは英国領事裁判所に破産を申告、ここに幕末動乱の風雲に乗って活躍したグラバー商会は十年の歴史に幕を閉じた。

だが、「グラバーは死せず」だった。

2――市民病院前には「鉄道発祥の地」の碑が立つ。
3――日本に近代造船の種をまいた小菅修船所。(写真提供／長崎歴史文化博物館)
4・5――小菅修船所跡。赤レンガを使ったウインチ小屋はレンガ建築としては日本最古級のものである。
6――蒸気機関車「アイアン・デューク号」の想像図。(グラバー園蔵)

7

8

# 高島炭鉱を開発

グラバーを生き延びさせたのは、長崎湾口の高島炭鉱だった。

近代産業のエネルギー源として石炭の重要さを知っていたグラバーは、良質の石炭が出る高島炭鉱に以前から注目していたが、慶応四年(一八六八年、九月に明治と改元)初夏、高島を藩領とする肥前藩の代表、松林源蔵を相手に炭鉱開発の協定書調印に漕《こ》ぎつけている。

これで高島炭鉱の経営権を握ったグラバーは、早速、イギリス人技師モーリスを雇い入れ、イギリスの採炭機械を導入、百五十尺の竪坑開発に着手した。これが日本の炭鉱史上画期的な北渓井《ほっけいい》坑で、明治二年(一八六九年)四月、厚さ八尺の炭層に達し、本格的な採炭が始まった。

グラバー商会は倒産しても、彼が開発した高島炭鉱との縁は切れず、実質的な経営者として生き残る。明治十四年(一八八一年)、幕末からの友人だった岩崎弥太郎の三菱商会が経営権を握ると、グラバーは弥太郎から高島砿業所所長に任命され、後半生を三菱とともに歩むことになった。

グラバーは、島の東端の小高い岬に洋風の別邸を構え、しょっちゅう島に寝泊まりするほど情熱を注いでいたが、労使間の紛争で、明治六年(一八七三年)、同十一年(一八七八年)と、鉱員の暴動が起きている。

グラバーは懐が大きく包容力があったが、反面、激情の男でもあり、鉱員たちからは「赤鬼」と怖れられていた。それだけに争議は激しいものになり、十一年の暴動のときは、グラバーは命からがら島から逃げ出したほどだったが、高島を見捨てることはなかった。

グラバーが情熱を注いで開発した高島炭鉱はやがて三菱商会のドル箱となり、グラバーは終生、三菱の顧問として遇されている。

明治三十年代初頭の三菱の記録によると、グラバーの月給は七百二十円、岩崎一族を除く役員筆頭の荘田平五郎(長崎造船所所長)の六百円を上回っている。造船所の機械工の月給(標準)が五円五十銭という時代である。いかにグラバーが厚遇されていたかよく分かる。

## ビール産業も育成

ここで、グラバーの私生活に触れておく。彼も居留外人の例に漏れず、数人の日本女性と縁を結び、少なくとも三人の女性との間に一人ずつ子どもをもうけた。二十四歳のとき長崎の遊女に生ませた男子は夭逝《ようせい》。その後、大阪で新政権の役人になっていた五代友厚から、北浜の料亭で仲居をしていたツルを、「あの女《おなご》はよか。ワイフにしなさらんか」とすす

7——開発当初の高島炭鉱。画期的な設備と採炭法を取り入れたこの炭鉱の開発に、グラバーは情熱を注いだ。(写真提供/長崎歴史文化博物館)

8——明治22年(1889年)から使われたジャパン・ブルワリー・カンパニーのビールラベル。このラベルデザインはグラバーが提案した記録が残っている。(写真提供/キリンホールディングス(株))

9——終生、良きパートナーだった岩崎弥太郎(左)とグラバー。グラバーは晩年まで三菱の顧問として遇された。(写真提供/長崎歴史文化博物館)

められて妻に迎え、明治三年(一八七〇年)には、男子の新三郎をもうけたが、戸籍では、新三郎の母は加賀マキになっている。新三郎はのちに、倉場富三郎と名乗ることになる。さらに明治九年(一八七六年)、長女ハナをもうけている。

グラバーはこの富三郎を嫡男として南山手の本邸に引き取ったあと、三菱二代目社長、岩崎弥之助の神田駿河台の屋敷に預け、学習院に通わせている。当時、グラバーは鹿鳴館の外人名誉書記に選ばれていたし、三菱の強い後ろ盾もあったので、混血の富三郎を皇族も学ぶ学習院に入学させることができたのである。

富三郎は学習院卒業後、米国フィラデルフィアのペンシルバニア大学に留学し、生物学を専攻。その知識を生かした生涯を送る。

グラバーは明治三十年(一八九七年)、長崎の邸宅を嫡男富三郎に譲り、生活の本拠を東京に移したが、よく静養に出掛けていた日光で、中禅寺湖に流れ込む湯川に川鱒《ます》を放流、繁殖させる事業も行った。

これはアメリカで魚の研究をした富三郎のアドバイスがあったことだろうが、富三郎はアメリカでフライ・フィッシングの経験もあったので、それが日本での流行の先駆けとなったともいえよう。

グラバーは日本のビール産業の発展にも大きな寄与をしている。明治三年、アメリカ人ウイリアム・コープランドによって横浜山手にビール醸造所が開設されたが、その跡地に同十八年(一八八五年)、グラバーの尽力により、ジャパン・ブルワリー・カンパニーが設立され、本格的なビール醸造を始め、同二十一年(一八八八年)、「キリンビール」として売り出した。そのラベルには伝説上の動物、麒麟《きりん》が描かれていた。このグラバーが携わった会社の経営は、明治四十年（一九〇七年）、明治屋・三菱関係者らに引き継がれ、麒麟麦酒株式会社になっている。

## 外国人では異例の勲二等

東京のグラバー邸は、最初、芝山内にあったが、その家は、幕末のイギリス密航以来、親交が続いていた伊藤博文の贈呈だったと伝えられている。

初代総理大臣にまで昇りつめた伊藤は、伊皿子の自邸から政府へ出仕した帰り道、よく芝のグラバー邸に立ち寄って、昔話に興じたり、外交や軍事問題でグラバーの意見を求めたりしたという。

七十歳となった明治四十一年（一九〇八年）七月、グラバーは外国人としては異例の勲二等旭日重光章を受章した。叙勲を申請したのは、彼がお膳《ぜん》立《だ》てした密航が出世の糸口となった伊藤博文公爵、井上馨侯爵の二人だった。

「彼素《もと》より営利の商人なれども、営利の範囲を脱して…」王政復古の大事業に大きな貢献をしたと推挙していた。

妻ツル（明治三十二年没）には先立たれたが、最後まで三菱顧問として何不自由ない晩年を過ごしたグラバーは、明治四十四年（一九一一年）十二月

10——明治30年(1897年)、グラバーの娘ハナの結婚式。後列中央寄りに山高帽を被ったグラバー、その左に妻のツルが立つ。(写真提供／長崎歴史文化博物館)

11——晩年のグラバーは中禅寺湖畔で鱒釣りを楽しんだ。(写真提供／長崎歴史文化博物館)

12――グラバーの墓碑は長崎市坂本町・坂本国際外人墓地にある。

十六日、麻布富士見町の自邸で急死した。享年七十三歳。嫡男富三郎が長崎市坂本町の国際墓地に葬り、母ツルの分骨も添えて、立派な墓碑を建てている。

## グラバー家の終幕

富三郎は温厚な紳士で人望があった。

長崎の内外人の社交クラブ「内外倶楽部《くらぶ》」の中心人物として日本人と外国人の親睦《しんぼく》に力を尽くし、また、産業面ではトロール漁業を導入して、日本の漁業の発展に貢献している。

さらに、何よりも彼の名が残るのは、彼がライフ・ワークとして情熱を傾けた「魚類図譜」の作製である。数名の画家に描かせた精密な魚類図は総数八百五枚。学術的価値も高いこの「魚類図譜」は現在、長崎大学水産学部に保存されている。

長崎のために尽くした富三郎だが、イギリス人の血を引く彼は、第二次大戦中、特高、憲兵に監視される身となり、巨大戦艦「武蔵」を建造した長崎造船所を眼下に見渡せる南山手のグラバー邸からも追われ、ノイローゼ気味になって、終戦直後の昭和二十年（一九四五年）八月二十四日に自殺した。享年七十四歳だった。

やはり日英混血だった妻ワカとの間に子どもがなく、遺書には「絶家とし、遺産は長崎市に寄付」とあった。

この富三郎の自死とともに、長崎グラバー家は、波乱に富んだ二代八十六年の歴史を綴《つづ》って幕を閉じるのである。

■グラバー園／長崎県長崎市南山手町8-1　8:00～21:30(4月下旬～5月上旬のゴールデンウィーク期間中・7月中旬～10月上旬)、8:00～18:00(前記以外)※平成21年度現在　一般600円・高校生300円・小中学生180円　☎095(822)8223　JR長崎駅前から路面電車(正覚寺下行乗車、築町乗換え、石橋行乗車)で20分、大浦天主堂下下車、徒歩7分。

■写真協力
長崎歴史文化博物館
長崎大学附属図書館
■撮影協力
グラバー園
三菱重工長崎造船所

2004年1月号掲載

# 近代日本を夢見た男 島《しま》津《づ》斉《なり》彬《あきら》

鎖国下に
日本の将来を見据え、
四十三歳で
薩摩藩主となった後は、
次々に先駆的な事業に
着手した島津斉彬。
その早すぎる死がなければ、
日本の歴史は
変わっていただろうと
いわれる名君の
見た夢は…。

■島津斉彬画像。明治16年(1883年)イタリア人画家キヨソネが描いたもの。(写真提供／鶴嶺《つるがね》神社)

文＝松尾千歳
Text by Chitoshi Matsuo

1——島津斉彬愛用と伝わる地球儀。(写真提供／尚古集成館)

2

3

4

# 世界史上の奇跡

幕末から明治時代にかけての日本の近代化・工業化の歩みは、非常にユニークなものであった。

日本の近代化・工業化は、イギリスやフランスなどの西欧列強が植民地を求めてアジアへ進出してきたことに端を発する。とくに、一八四〇年から四二年にかけておこったアヘン戦争で、東洋最大最強と目されていた清国(中国)が、西欧の島国イギリスに一勝もできないまま完敗したことは、日本の有識者たちに強い衝撃を与え、軍備の近代化の必要性を痛感させることとなった。

軍備の近代化には、西欧の科学技術の導入が欠かせなかったが、当時、日本は鎖国体制下にあり、西欧から機械・設備を輸入したり、技師を招聘《しょうへい》して指導を仰ぐということは不可能であった。このため、オランダの専門書を蘭《らん》学者たちに翻訳させ、それを日本の在来技術と巧みに融合させて形にしていくという方法が取られた。これは他国に類例を見ない特異な手法であった。また、これが可能で、それなりの成果を挙げていることは、日本の在来技術もかなり高度であったことを物語っている。

一八五〇年代半ばごろから、徐々に外国から機械・設備が輸入されたり、外国人技師が招聘されるようになったが、近代化・工業化の主導権は日本人が握り続けていた。アジアやアフリカの国々で、自国民が主役となって近代化を成し遂《と》げた国は日本以外にはない。このため、日本の近代化・工業化の歩みは、国内外の研究家から世界史上の奇跡として高く評価されている。そして、この特異な日本の近代化・工業化の中で、もっともうまくいった事例が薩摩藩主島津斉彬（一八〇九〜五八年）がおこした集成館《しゅうせいかん》事業であり、その成功は近代日本の形成に多大な影響を与えたのであった。

## 島津斉彬の集成館事業

一八四〇年代、薩摩藩は日本の他地域よりも早く、通商を求めるイギリス・フランスの激しい外圧にさらされた。これに危機感を強めた斉彬は、嘉永《かえい》四年（一八五一年）、薩摩藩主に就任すると、鹿児島城下郊外の磯地区に「集成館」という工場群を築き、ここを中核に造船、造砲、製鉄、紡績、ガラス、食品、出版、医療など多岐にわたる事業を展開した。これらを総称して「集成館事業」と呼ぶ。

中核となった集成館には、砲重量が三トンから五トンに及ぶ大型の鉄製砲を鋳造するための反射炉、反射炉に鉄を供給するための溶鉱炉、大砲に弾丸を込める砲腔《ほうこう》を穿《うが》つ鑽開台《さんかいだい》、ガラス工場、蒸気機関の研究所などがあり、最盛期には千二百人もの人が働いていたという。

反射炉や溶鉱炉・鑽開台は、オランダ陸軍のヒュゲニン少将が著した『ルイク国立鋳砲所における鋳造砲』という本を参考に造られたが、基礎工事は築城・石橋の製造技術、耐火レンガ

2——仙巌園《せんがんえん》。島津氏の別邸。島津藩の迎賓館的な所で、斉彬はここでカッティンディーケらオランダ人たちと会見した。

3——明治5年(1872年)の集成館。明治天皇巡幸の際に撮影されたもの。手前より異人館、鹿児島紡績所、集成館の工場群。(写真提供／尚古集成館)

4——反射炉跡。反射炉は燃焼室で燃料を燃やし、その熱・炎を壁に反射させて溶解室の鉄を溶かすもの。仙巌園入り口付近にその基礎部分が現存する。国指定史跡。

5——斉彬が初めて建造させた本格的洋式軍艦「昇平丸」(模型)。安政元年(1854年)12月竣工。推定排水量370トン、全長約30メートル、砲16門を搭載していた。(写真提供／尚古集成館)

6

の製造は薩摩焼の技術というように、日本の在来技術も最大限に生かされた。

また、ガラスは江戸から招いたガラス職人と蘭学者たちが協力し、薩摩切子《きりこ》というガラス工芸品を生み出した。薩摩切子は透明ガラスの上に紅や藍《あい》などの色ガラスを被《き》せ、これにカットを施したもので、いまなお日本のガラス工芸品を代表するものの一つとして高く評価されている。斉彬はこれを輸出商品に育て上げようとしたようである。蒸気機関の研究は、オランダのフェルダム教授が著した『水蒸機盤精説《すいじょうきばんせいせつ》』を参考に進められたが、満足な機械もない状態での研究・製造は困難を極めた。

当時、集成館のような工場群は日本には他になく、安政五年(一八五八年)集成館を視察したオランダ海軍カッティンディーケたちをも驚かせた。彼らは、長崎海軍伝習所の教官で、幕府がオランダに発注した長崎製鉄所(現・三菱重工業長崎造船所)の建設でも携わっていた。彼らは長崎製鉄所が日本に最初に建設される近代的な工業施設になると思い込んでいたのだが、自分たちが築こうとしていたものが鹿児島に存在していたことを知って驚いた。しかも、それがオランダの書籍を頼りに造られていることを知ってさらに驚いたカッティンディーケは「少しのお世辞もなく、見たものすべてに驚嘆した」と書き残している。

集成館以外の場所でも、磯・桜島・牛根《うしね》(現・垂水《たるみず》市)などでは造船事業がおこなわれ、和洋折衷の三本マスト船「いろは丸」、アメリカの捕鯨船を参考にした「越通《おっと》船」、三本マストの本格的洋式軍艦「昇平《しょうへい》丸」、日本初の蒸気船「雲行《うんこう》丸」などが建造された。また、郡元《こおりもと》・田上《たがみ》・永吉《ながよし》(いずれも現・鹿児島市)では、水力を用いた機械紡績がおこなわれた。機械は独自に考案されたものである。

**6**――十文字砲。桜島沖にある沖小島砲台に備えられた小型砲で、文久3年(1863年)の薩英戦争で使用された。(写真提供/尚古集成館)

**7**――薩摩切子(三段重)。薩摩切子は透明ガラスに紅や藍などの色ガラスを被せ、これにカットを施したもの。とくに紅色のものは珍重された。(写真提供/尚古集成館)

**8**――薩摩勲章。慶応3年(1867年)パリで開催された万国博覧会に、薩摩藩は幕府と対抗して出品した。薩摩勲章はその参加記念賞として造られたもの。(写真提供/尚古集成館)

**9**――島津斉彬銀板写真(重要文化財)。安政4年(1857年)9月17日に鶴丸城内で撮影されたもの。銀板写真は、銀の板に直接写し込むもっとも古いタイプの写真で、日本人が撮影したものとしてはこの1枚が現存するのみ。(写真提供/尚古集成館)

このほか、斉彬は金属のイオン化傾向の差を利用して鉛活字を造ったり、電信やガス灯なども試みた。昆布の養殖のように見事に失敗したものもある。病院や孤児院も計画していたが、孤児院が実現できなかったのは人の乳で育てなければならないと思っていたからであった。のちに斉彬の側近であった寺《てら》島《しま》宗《むね》則《のり》が渡欧した際、赤ん坊が牛乳を与えられているのを見て、斉彬生存中にこれを知っていればよかったのにと述懐している。

また、銃の点火薬に必要なアルコールを抽出するため、鹿児島特産の米焼酎が利用されていたが、斉彬はコスト削減のためイモ焼酎の量産と改良を命じた。イモは腐造しやすく、匂いがきついため、ほとんど飲料されていなかった。これを改良し薩摩の特産品に育て上げることができれば一石二鳥と語ったという。現在のイモ焼酎ブームは斉彬の夢が実現したものなのである。

7

8

9

# 富国強兵

斉彬の集成館事業の最大の特徴は、軍事関係のものだけでなく、民需産業や社会基盤の整備に関わる分野にまで及んでいたことである。

「富国強兵」。これは近代化政策を推し進める明治政府が掲げたスローガンである。この言葉を誰が言い出したのか定かではないが、真っ先に実行に移した人物は島津斉彬であった。

薩摩藩と前後して、日本各地で近代化事業がはじまったが、これらは造船・造砲など軍事関連のものが主で、それ以外はほとんど顧みられていなかった。「富国」という視点がなく、「強兵」ばかりに力点が置かれていたのである。

安政五年、斉彬が幕府に提出した建白書には「大砲・砲台・軍艦など御手薄にては、人々いかほど奮発つかまつり候とも、忠魂あい遂げがたき場合もこれあるべく」と、西欧列強の軍事力に対抗するためには、大砲・砲台・軍艦の整備・近代化が急務であると記されている。

強力な大砲を備え、蒸気の力で大海原を自由に動き回る黒船は、西欧列強の強さのシンボルであった。これに対抗するには、こちらも強力な大砲を造り、これを砲台や軍艦に装備しなければならないと考えるのは自然の成り行きであろう。まして、日本も清国の二の舞になってしまうと危惧《きぐ》されている状況である。幕府や他藩は、目前に迫った危機に対処するため、これらの軍備を整えることしか眼中になかったのである。

だが斉彬はさらに先を見ていた。建白書には「第一人の和、継《つい》で諸御手当」

と、大砲・軍艦造りなど軍事力の強化は二番目で、一番大切なのは人の和をつくることだと書かれている。人は豊かに暮らすことができれば自然とまとまる。人の和はどんな城郭よりも優るというのが斉彬の考えであった。このため、単に軍事力を強化するだけでなく、それを支える国力の強化を見据え、さまざまな事業を展開していたのである。

## 日本一致一体

斉彬は薩摩藩のことだけを考えて集成館事業に取り組んだのではなかった。斉彬は、幕府や藩といった枠にとらわれていたのでは、いつまでも西欧列強と対等に渡り合うことはできない。「日本一致一体」と、一丸となって日本を強く豊かな国に生まれ変わらさなければならないと考えていたのである。

10

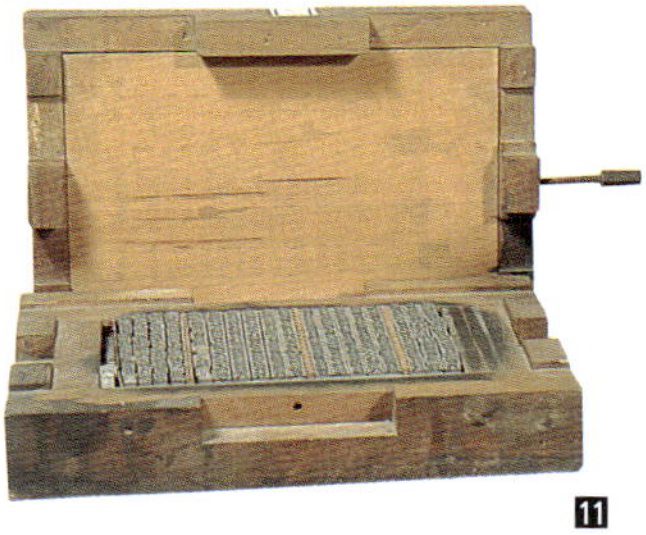

11

12

10・11——鉛活字とその製造道具(重要文化財)。島津斉彬が江戸の木版師木村嘉平に命じて造らせたもの。金属のイオン化傾向の差を利用した電胎法によって造られた。(写真提供/尚古集成館)

12——薩摩焼。斉彬は薩摩焼を外国人が好むあでやかなものに生まれ変わらせた。一時、世界的な薩摩焼のブームがおこり、欧米ではいまなお「SATSUMA」と呼ばれ高く評価されている。(写真提供/尚古集成館)

13——照国神社。斉彬を祭神とする神社で、文久3年(1863年)、朝廷から故斉彬に対し「照国大明神」という神号が贈られ創建された。

この考えを実現させるため、斉彬は幕府を中核とした中央集権体制の確立をめざし、老中阿部正弘とともに公武合体(朝廷と幕府の権力を一体化させる)を推進した。また、病弱であった十三代将軍家定の後継者に、血筋よりも能力を優先すべきと主張して一橋慶喜を押した。

さらに、集成館事業のような近代化事業が全国に広まることを願って、佐賀藩や土佐藩、越前藩などから視察団を受け入れ、水戸藩へは技術者を派遣して反射炉建設に協力させたりもした。

しかし、日本が一つにまとまるということはひじょうに困難であった。当時、幕府や藩はそれぞれが独立国家のような存在であり、仲の悪い藩もあった。現代風に言い換えれば、国連の旗の下、世界中の国々が一丸となって、全世界的な体制・軍備を整えろと主張しているようなものなのである。

結局、斉彬はこの考えを実現できないまま、安政五年、五十歳で病没した。

斉彬の死後、薩摩藩でも急激な近代化の反動があらわれ、一時は保守的な風潮が広まったが、斉彬の異母弟久光や、斉彬が育てた西郷隆盛、さらに数多くの藩士・技術者たちが斉彬の考えを受け継ぎ、薩摩藩は日本最高水準の工業力・技術力を持つに至った。そして、戊辰《ぼしん》戦争でその威力が遺憾なく発揮されたのである。

斉彬の死から戊辰戦争までおよそ十年、その間に情勢が変化し、将軍を中核としたものから、天皇を中心とした中央集権体制というふうに変わってしまった。しかし、日本が一丸となって、「富国強兵」をスローガンに近代化・工業化に取り組み、強く豊かな国造りを目指すという斉彬の考えは、明治政府の手で実現されたのであった。

14——尚古集成館／島津家に伝わった資料約1万点を収蔵・展示する歴史博物館。本館は慶応元年(1865年)に造られた機械工場跡を利用している。鹿児島市吉野町9698-12　8:30～17:30(11月1日～3月15日は～17:20)、無休、大人1,000円・小人500円(仙巌園と共通) ☎099(247)1511 JR鹿児島中央駅から市営バス「カゴシマシティビュー」乗車、「仙巌園前」下車すぐ。

2004年9月号掲載

# 近代日本の設計者 大《おお》隈《くま》重《しげ》信《のぶ》

二百数十年続いた封建社会を
西欧列国と並ぶ
近代国家に
するために
捧げられた
八十余年の生涯。
故郷・佐賀と、
政治家としての
出発点となった
長崎を中心にたどる、
「知られざる大隈重信」。

文＝木村時夫
Text by Tokio Kimura

■大隈重信。天保9年(1838年)～大正11年(1922年)。写真は大正5年(1916年)、78歳ごろに天皇への献上用に撮影されたもの。

1

2

# 大隈と佐賀

大隈重信は天保九年(一八三八年)、佐賀に生まれ、その生家はいまも国の史跡として保存され、大隈記念館はそのすぐそばにある。

父信保《のぶやす》は佐賀藩士で、長崎砲台の指揮官であった。大隈に対する評価はいまもまちまちだが、佐賀の乱で刑死した親友江藤新平を見殺しにしたという非難は、いまも佐賀に根強く、佐賀は必ずしも彼にとって、居心地よくなかった。だが大隈の輝かしい生涯も、すべて彼に佐賀があったからである。その第一は父信保からの薫陶である。信保は砲術家として、火薬に必要な化学的知識や、大砲の発射に際しての斜角を計算する、数学的知識にも通じていた。幼い大隈は父の、その研究や実験等を眺め、「将来は自分も父のようになりたいと思った」と回想している。

明治三年(一八七〇年)創立の工部省は、日本の近代化に必要な鉱山、鉄道、土木、燈台、造船、電信、製鉄等々の分野を統轄する官庁であるが、他ならぬ大隈の建言によるものであった。

長崎における信保は、その職掌柄、オランダ船の艦長や、外国領事と会談することが多く、幼い大隈は父のその対談を通じ、日本と西欧の違いを理解するようになった。

その大隈も七歳で、藩校「弘道館」に入学した。当時の弘道館の教育は典型的儒学で、大隈は次第にその教育方針に不満を抱き、終《つい》には弘道館の南北寮で争いとなったため退校になったが、それは間もなく許された。

しかし大隈は二度と弘道館には戻らず、「蘭学寮《らんがく》」への入学を希望した。蘭学寮は佐賀藩主鍋島直正（閑叟《かんそう》）が、ペリーの来航前に開設したものであるが、保守的な弘道館との間に軋轢《あつれき》を生じ、その後、両者は合併した。

この大隈の蘭学寮入りの決定には、藩主直正の大隈に対する同情と理解とを反映していた。

大隈と佐賀との関係において、二番目にこの藩主直正を挙げねばならぬ。この事があってから、直正は常に大隈のため、その進路を考慮したからである。

## 大隈と長崎

当時の蘭学の主な研究範囲は医学、兵学、砲術、築城等であったが、大隈の関心は西欧諸国の政治、外交、経済等の分野にあった。そのためか、その後も大隈はしばしば長崎を訪れた。その長崎で、大隈が出会った外国人がフルベッキである。彼はオランダに生まれ、若くしてアメリカに渡り、宣教師

1――17歳のとき、先輩の佐賀藩士村岡五郎三郎に贈った送別の詩。字を一切書かなかったことで知られる大隈の、署名等を除いてほぼ唯一の真筆といわれている。

2――フルベッキ肖像。大隈と副島種臣を「二人の有望な生徒」と賞賛した。（写真提供／長崎県立長崎図書館）

3――大隈重信生家。天保以前の武家屋敷の面影を伝える貴重な建物で国指定史跡。佐賀市水ケ江2-11-11　9:00～17:00、年末年始、資料整理期間を除き年中無休、大人300円・中学生以下150円（団体割引あり）☎0952(23)2891

4

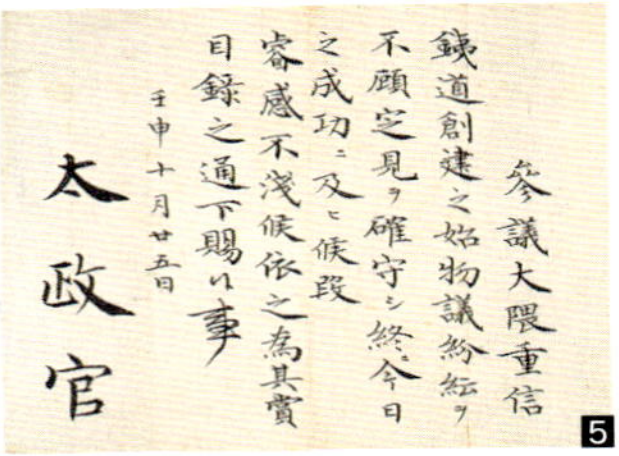
参議大隈重信
鉄道創建之始物議紛紜ヲ
不顧定見ヲ確守シ終ニ今日
之成功ニ及ヒ候段
叡感不浅候依之為其賞
目録之通下賜候事
壬申十月廿五日
太政官

5

を志して神学を修め、神学校卒業後は、日本布教のため、長崎を訪れた。彼は布教と同時に、長崎奉行管轄の長崎英語伝習所で、幕命により、日本人に英語を教えていた。大隈は副島《そえじま》種臣《たねおみ》と共に、そこに入門した。

そのとき、教科書として、フルベッキが彼等に与えたのは英訳の聖書と、アメリカ人ジェファーソンが書いた「独立宣言」とであった。大隈は前者からイギリス史やキリスト教の概略を学んだが、重要なのは後者からで、人には生命、自由、幸福等の、天賦の権利があり、その確保のため、欧米では政府というものが作られ、被治者のために運営されていることを知った。また立憲政治や議会政治等、新しい近代的政治の何たるかを知った。

## 新政府出任

大隈が長崎において、西欧の研究に没頭していたころ、日本の情勢は急激に変化しつつあった。そのすべてはペリー来航後の幕府の開国政策の反動で、攘夷論、尊王論に始まり、やがて大政奉還論と討幕論とに集約された。

大政奉還も王政復古も形骸《けいがい》化したかに見えた、慶応四年(一八六八年)の正月三日、大阪城に據《よ》る幕府軍と、幕府に代わろうとして北上してきた薩長の軍とが、鳥羽伏見で戦火を交えたが、幕府軍は数日で敗れ、将軍慶喜は部下を捨てて、江戸に逃げ帰った。事実上の幕府の崩壊である。

時の長崎奉行はその報に接し、一切を捨てて、自らも江戸に帰った。

新政府は奉行に代わる責任者を派遣する余裕もなく、薩長土肥などの諸藩に命じ、その藩士を旧奉行所に常駐させた。佐賀藩において、その任に選ばれたのは、他ならぬ大隈である。

しかし他藩からの代表は、すべて外交の経験無く、その知識も皆無。自ずと大隈は一同に代わって、日夜政務に専心した。

その大隈が一つの難題に直面した。隠切支丹《かくれきりしたん》の処罰問題である。もともと天草や長崎には、切支丹の禁制後も信仰を止めぬ、いわゆる隠切支丹が多かった。

たまたま長崎在住の外国人が、日常の礼拝のため、大浦に天主堂を建て、神

6

4——キリスト教徒処分問題で大隈と6時間に及ぶ論戦を交した駐日英国公使パークス。激怒して席を立ったパークスは、後に大隈の見識と手腕を高く評価し、大隈の強力な支援者となった。
5——明治5年(1872年)9月12日に、新橋－横浜間に鉄道が開通したとき、その功績に対して明治天皇のお褒めの言葉と賞賜を伝える太政官から贈られた褒状。
6——明治31年(1898年)、憲政党内閣成立時の風刺絵(「団団珍聞」1170号)。大隈は大法螺《ほら》吹きの大きな熊に、板垣退助は癇癪《かんしゃく》持ちの猿に擬せられている。

7

父を常駐させた。すると前記隠切支丹の徒は、礼拝と神父に会うため、大挙してその天主堂に集まるようになった。

しかし新政府もキリスト教の禁制については、幕府の禁制を踏襲していた。当時、従来の長崎奉行所に代わり、新政府が設置した長崎裁判所に、総督として、公卿の沢《さわ》宣《のぶ》嘉《よし》が着任した。沢は神道家であったから、浦上に集まった信徒を逮捕した。

大隈が右の長崎裁判所の副参謀に抜擢《ばってき》されたのはそのときで、逮捕した信徒の尋問に当ったが、彼はすでにキリスト教の大略を理解し、信徒の心情にも同情的であった。しかし総督の沢は、信徒の中心人物を死刑、他は土地没収の上、所払いと主張し、大隈の方針と対立したが、その最終決定は新政府に

8

委ねた。ところが大隈は慶応四年（一八六八年）の三月、突然新政府から「江戸、横浜に御用あり」と、上京を命ぜられた。

　大隈は東上の途中、改めて大阪の東本願寺に立ち寄るように命ぜられた。というのは、当時そこには、沢総督の信徒処罰案に憤慨した列国の公使団が、その撤回を求めて集合していたのである。

　公使団の代表はイギリス公使パークスで、大隈は政府を代表して、一同に信徒の処分案を通告したが、パークスは若くて身分の低い大隈との交渉を拒絶した。しかし大隈は平然として、公使団の要求する信徒の釈放と、キリスト教禁制の廃止には、「主権国家として不可能」と言って拒絶した。

　パークスは激怒して反駁《はんばく》したが、大隈は公使団の要求は国際法に違

**7**――「東京汐留鉄道館蒸気車待合之図」(歌川広重画)。汐留は新橋の旧称。

**8**――大隈が使用した義足。大隈は外相として条約改正に当っていた明治22年(1889年)10月18日、官邸前で国粋主義者・来島恒喜に襲われ、投げ付けられた爆弾で右足切断の重傷を負う。傷が癒えた後は義足を使った。その場で自殺した来島の法事に、大隈は必ず香料を届けたという。

**9**――大正10年(1921年)の夏から病床に臥《ふ》していた大隈は、翌11年(1922年)1月10日、前立腺がんのため、83歳10カ月の生涯を終えた。葬儀が行われた1月17日、自宅から日比谷の斎場までの約4kmの沿道は、棺《ひつぎ》を載せた車列を見送る人々で埋まった。告別式の参拝者は20万人とも30万人ともいわれ、まさに「国民葬」の観を呈した。

10――『実業之日本』の大隈侯哀悼号。

11――佐賀市大隈記念館／大隈重信生誕125年を記念して、昭和41年(1966年)11月に開館。大隈重信に関する資料を展示し、その生涯をビデオやスライドで解説している。佐賀市水ヶ江2-11-1 9:00～17:00、年末年始・資料整理期間休、大人300円・中学生以下150円・団体割引あり ☎0952(23)2891 JR佐賀駅前からバスで15分。

反すると言い、パークスも反論に窮し、会議は物別れに終った。

意気揚々として上京した大隈は、明治二年(一八六九年)三月、会計官副知事に、同七月には大蔵大輔、そして翌三年(一八七〇年)九月には、参議に任ぜられた。真に目まぐるしいほどの累進ぶりであった。

明治政府にあっての大隈は、幕府以来の封建制を中央集権制に改め、政府の財源を確立し、軍事面では、武士に代わる徴兵制を定め、領事裁判権と協定関税制を認めた、ハリス以来の不平等条約を改正しようとした。

明治二年、大隈は東京でフルベッキに会った。彼は当時、大隈の斡旋で、大学南校(後の東大)の教頭となり、ついで外交、教育、法律等の政府顧問を兼ねていた。その彼から、大隈は、日本の条約改正につき、「先ずアメリカにおいて、アメリカ一国と交渉し、列国会同方式を避ける」よう勧告された。閣議は大隈がその趣志に立っての、改正交渉に当ることを認めたが、薩長閥の反対で、岩倉《いわくら》具視《ともみ》を全権とする交渉団が当ることとなり、大隈は留守政府を預かることになった。

大隈が留守政府を預かった、明治五年(一八七二年)の一年間の施政は絢爛《けんらん》たるものである。二月、陸軍、海軍二省設置、三月、教部省設置、八月、義務教育制を頒布、九月、新橋―横浜間の鉄道開通、十一月、太陽暦採用、国立銀行設置、徴兵令公布等がそれである。しかしその見事さが、薩長閥の嫉妬《しっと》と反感を買い、明治十四年(一八八一年)の政変となり、参議筆頭の大隈は政府を追われ、野に下った。それが立憲改進党の結成や、東京専門学校(現早稲田大学)の創立等につながるのである。

■協力
早稲田大学
佐賀市

# 時代を〝突破〟し続けた快商
# 出《いで》光《みつ》佐《さ》三《ぞう》

**その行動は奇想天外。
つねに意表をつき、
非常識と
罵倒《ばとう》される。
だが、時が移ると、
世の中はいつの間にか
この男の決断になびいていた。
愚直なまでに初志を貫き、
大手海外資本を向こうに回し、
財務諸表より人を大切にした
実業家の生涯。**

文＝水木楊
Text by Yoh Mizuki

■90歳ごろの出光佐三。81歳で社長から会長となった後、定款を変更して、創業当時から従業員に呼ばれていた「店主」に戻った。

# 「海賊」と呼ばれた男

関門海峡の潮は恐ろしく速い。岸から眺めても、ざわめき立つうねりが手にとるように分かる。速いところでは七ノット。時速およそ十四キロで、自転車で速度を上げて走るほどの速さである。

大正の初め、この関門海峡で「海賊」と呼ばれる男がいた。

海賊とその部下たちは、夜中の十二時から二時ごろにかけて、漁船がエンジン音を響かせながら帰ってくるのを待ち構えている。エンジンは「ポンポン蒸気」と呼ばれたツーサイクルの焼き玉エンジン。海賊たちは音を聴いただけで、どこの船か分かるほど仕事に習熟している。

店から飛び出した彼らは、伝馬船《てんません》で艪《ろ》をこぎ、漁船に乗り込む。漁師たちが陸に上がる前には注文を取ってしまう。それからおもむろに彼らの給油船を差し向け、にょろりとパイプを突き出す。船が揺れても、きちんと油の量を計ることのできる計測器を自分たちで考案して作り上げていた。

海賊の売る油は、変なにおいがした。それまでの漁船は燃料油に灯油を使ってきたのだが、海賊は軽油を売る。しかも、下級の軽油。これが臭い。しかし、値段が半分になったため、いつの間にか多くの漁船が海賊の勧めるままに軽油に切り替えていた。

燃料油を元売り会社から買ってきて消費者に売るのは小売りである特約店の仕事である。特約店は下関、門司、小倉、博多など地域別に分かれ、縄張りを作っている。ところが、縄張りを持たない海賊は海上で殴り込み

1——関門海峡で活躍した計量器付き給油船。
2——旧赤間宿の街道筋に立つ出光佐三の生家。

をかけた。文句を言われると、「海に下関とか門司とかの線でも引いてあるのか」と言い張った。海賊と呼ばれるようになったゆえんである。

男の名は、出光佐三。明治十八年（一八八五年）八月二十二日、福岡県宗像《むなかた》郡赤間村（現・宗像市赤間）に生まれた。出光家の祖先は宇佐神宮（大分県宇佐市）の大宮司であったといわれ、徳川の初期、その一族である出光良元が赤間に移り住み、赤間出光の祖となったとされている。

父藤六は藍問屋を営んでいた。屋号は「紺屋」。徳島から藍玉を仕入れ、久留米絣《がすり》や博多織を福岡などに卸す。出光の幼いころは町でも指折りの資産家として知られていた。出光はこの家で、父親が藍を煮て、さまざまな染料と混ぜ、自分流の調合をするのを見ながら育った。母は千代。普段は優しいが、いったん主張し始めると、一歩もひかぬ外柔内剛の人だった。

高等小学校から福岡商業学校、さらに、神戸高等商業（現・神戸大学）へ進んだ出光は、在学中に二人の師と出会う。「黄金の奴隷になるな。士魂商才をもって事業を営め」と説く校長水島銕也《てつや》と、「これからの商人の役割は、生産者と消費者を直結して、その間に立ち、相手の利益を考えながら物を安定供給することにある」と述べる内池廉吉教授である。二人の教えは出光の事業経営のバックボーンとなった。

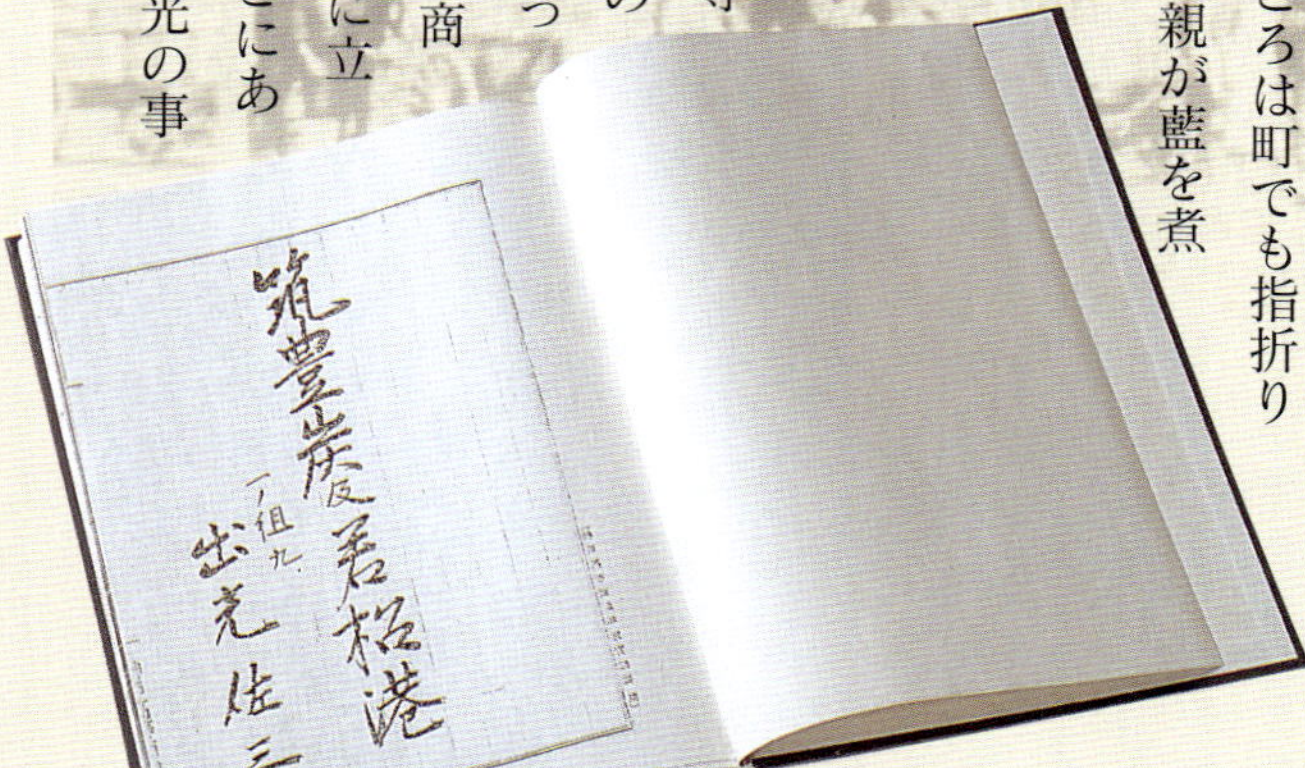


3——神戸高商の卒業論文「筑豊炭及び若松港」。内外の石炭生産量、主要地の消費量、輸送状況などを細かく調べた上で、筑豊炭鉱と若松港の発展性を占い、さらに石炭と石油の将来性を比較検討。一学生の意見としては驚くべき予見力で、後の出光を示唆している。

4

神戸高商を卒業した出光は、従業員が三人しかいない「酒井商店」に入り、小麦と機械用の潤滑油を扱う仕事を丁稚《でっち》から始めた。

出光の選択に、エリート意識の強い同級生や先輩たちは驚いた。最高学府の卒業生が就職するには相応しくない職場というわけである。学校の面汚しだとまで言われた。しかし、出光には考えがあった。将来の独立のために大切なのは、仕事の基礎を一から覚えることである。何から何まで自分でやらなければならない小さな会社の方が仕事を覚えやすい。しかも酒井商店は油を扱っている。出光の目は、すでに、卒業論文で将来性を看破した石油に注がれていた。

最高学府を出ながら丁稚になり、前垂れの法被《はっぴ》姿で自転車に乗って集金に駆け回る出光に興味を募らせた人物がいた。日田重太郎である。

## 創業——「士魂商才」を掲げて

日田重太郎は出光より九歳年上。淡路島の資産家の養子で、神戸高商時代

の出光に息子の家庭教師を頼んだことが縁で知り合い、時々、出光の様子を見に酒井商店を訪れていた。

そのころ、出光の実家は家業が傾き、苦しい生活を続けていた。家族を引き取るために独立を決意したものの、資金の当てがなかった出光に、日田は当時のお金で六千円(現在の八千万から九千万円)を、「貸すのではなく、もらってくれ」と申し出る。資金を提供するにあたって日田は三つの条件を付けた。第一に、従業員を家族と思い、仲良く仕事をしてほしい。第二に、自分の主義主張を最後まで貫いてほしい。第三に、自分がカネを出したことを人に言うな、というものである。

出光は会社の基本方針に「人間尊重」を掲げ、定年制も出勤簿も設けなかった。国家に頼らぬ自主独立の精神をあくまでも貫いた。日田の言葉を守ったのである。

明治四十四年(一九一一年)六月二十日、出光は、独立するならここと決めていた門司市(現・北九州市門司区)に「出光商会」(出光興産の前身)を開店する。事務所の正面には水島先生の揮《き》毫《こう》による「士魂商才」の額が掛けてある。商品は機械油。二十七歳だった。

しかし、意気込みに反して商品はまったく売れなかった。窮状打開にもがく出光が見いだしたのが、漁船のエンジンだった。軽油の効能を熱心に説き、海上でも正確に油量を計測できる機械まで発明した出光は、ついに躍進のきっかけをつかんだのである。

4——創業ごろの本店(左手前の建物)と周辺(現北九州市門司区東本町1丁目付近)。当時の門司は筑豊炭田や北九州工業地帯を背景に輸出入が急増、石炭積み出し港から国際貿易港へと発展中だった。

5——出光商会創業当時に着用された法被。

6——「出光となら無一文になっても構わない」と、物心両面で支えた日田重太郎翁と(昭和31年3月)

## 大陸へ──新参者の挑戦

それから数年後の大正八年(一九一九年)二月、出光は厳寒の中国東北部(旧・満州)にいた。長春のホテルの中庭である。零下二十度。鼻水をたらすと、たちまち氷の筋になる。

目の前にはコップが三つ置いてあった。コップには油が入っている。汽車の車軸油にする潤滑油である。三つのコップのうち二つは、スタンダード社とヴァキューム社の潤滑油が入っている。残る一つは出光の会社の油だ。やにわに出光はコップの一つを高くかざして少し傾け、叫んだ。

「見なされ。凍ってはおらん」

出光の会社の油は液状を保ち、他の油は粘度を失い、固体になろうとしていた。南満州鉄道。通称・満鉄はスタンダード社とヴァキューム社から潤滑油を購入していたが、厳寒のため凝結して車軸が焼けるという事故に頭を抱えていた。潤滑油の実験で勝った出光は、メジャーともセブンシスターズとも呼ばれる巨大外資を追い落とし、大きく飛躍していく。

## 日章丸事件

舞台は長春のホテルの中庭から、三十四年後の神戸埠頭《ふとう》に移る。昭和二十八年(一九五三年)三月二十三日早朝、出光は埠頭の突端に立ち、一万八千トンのタンカーを見上げていた。日章丸二世。当時としては最大級のタンカーである。

出航が近い。行く先はサウジアラビアということになっていたが、本当は同じペルシャ湾内でも最も奥に位置するアバダン。イランである。密命を知っているのは、船長と機関長の二人だけだった。

イランはその二年前、英国資本のアングロ・イラニアン社を国有化。英国との関係は険悪になり、国交断絶の状態にあった。英国海軍はペルシャ湾を航行するタンカーの無線を傍受して、監視下に置いており、イランから石油を積み出そうとするタンカーがあれば、拿《だ》捕《ほ》も辞さない構えを取っていた。日章丸は出光が保有するただ一隻のタンカーである。拿捕されたら社運は一気に傾く。しかも、日本は連合国による占領から独立したばかり。連合国の一翼を担った英国の横面を張り倒すような行動に、出光は打って出たのだ。

神戸を出て十八日後、「出光興産所属の日章丸、アバダン入港」の外電が世界中を駆け巡った。

世界が注視する中、イラン石油を満載した日章丸は他船との交信を一切止め、ひそかにペルシャ湾を抜け出し、インド洋を横断、約一カ月後、日本に無事到着した。

戦後、力道山が外人プロレス

7――イラン石油を積んで川崎油槽所に着桟した日章丸二世。「日章丸事件」は産油国との直接取り引きの先駆けとなり、日本人の目を中東に向けさせるきっかけにもなった。

8――昭和28年(1953年)5月9日、川崎港に着いた日章丸の船上で記者団の質問に答える出光佐三。

9――出光コレクションの出発点となった、仙厓《せんがい》の「指月布袋画賛」。明治38年(1905年)、19歳の学生だったときに博多の古美術の売り立てで目に留め、父に頼んで購入した。出光は後に「初めて見て、しかも恋をしたんです」と語っている。

11――出光美術館(門司)／出光コレクションの中から、日本の書画、中国・日本の陶磁器を中心に展示するとともに、年に5～6回の企画展を開催。出光佐三の生涯を紹介する「出光創業史料館」を併設。北九州市門司区東港町2-3　10:00～17:00、月曜(祝日・振替休日の場合は開館)・年末年始・展示替期間休、一般600円・高大生400円・中学生以下無料(※保護者の同伴が必要)※創業史料館は入館無料 ☎093(332)0251 JR門司港駅から徒歩8分。

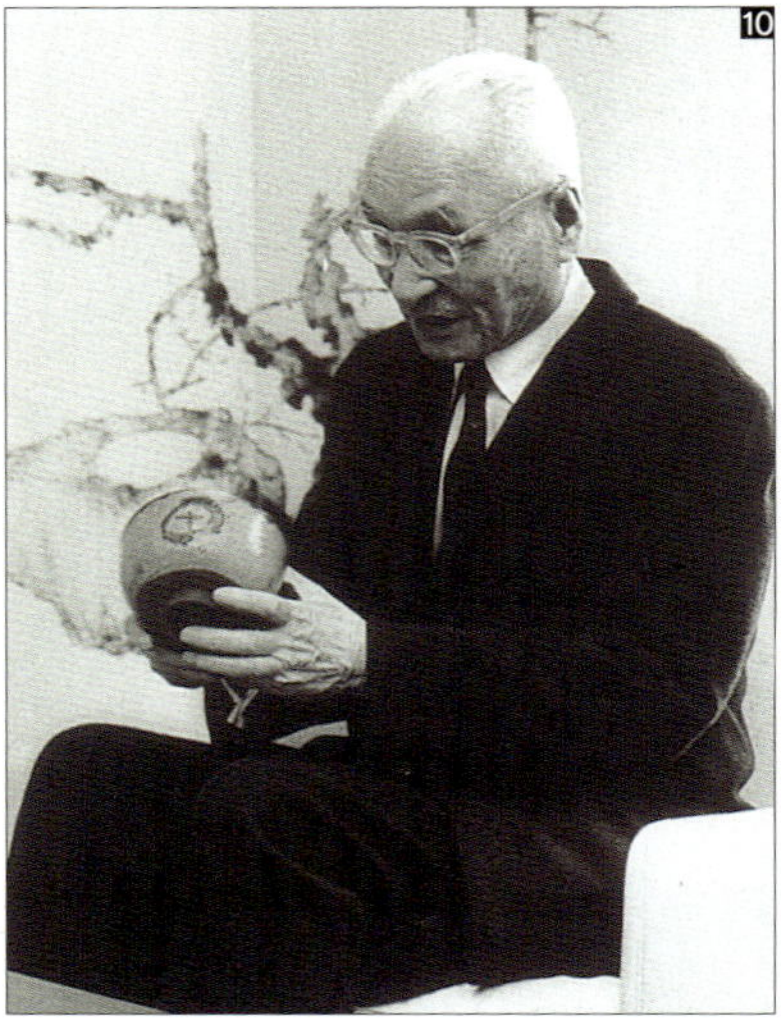

ラーを打ちのめし、白井義男がダド・マリノからチャンピオンベルトを奪い、古橋がロサンジェルスのプールサイドに日章旗を掲げたとき、日本人は快哉《かいさい》を叫んだ。しかし、日章丸のイラン石油輸入ほど、敗戦と占領で打ちひしがれた日本人の心を奮い立たせた出来事はないだろう。

## 時代を突破し続けて

その後も、出光は世間をあっといわせ続ける。世界最大の処理能力を持つ製油所の建設、〝赤い石油〟と呼ばれたソ連原油の輸入、石油業法制定に反対しての石油連盟脱退…その都度、世の中は出光に仇名《あだな》を与えた。国賊、無法者、一匹狼《おおかみ》、アウトサイダー、ゲリラ商人、怪商、快商、横紙破り、ニュースを作る男…出光ほどたくさんの仇名をもらった男は例がない。それは、時代の〝突破者〟に相応しいものといえよう。

激動する時代を駆け抜けた出光は、昭和五十六年(一九八一年)三月七日、風邪がもとで脳血栓にかかり、静かに息を引き取った。九十五歳。大正から昭和の高度成長期に至る激動の時代に、ひときわ強い光彩を放つ人生であった。

10――出光佐三は優れた美術品蒐集家としても知られた。仙厓に始まり、文人画、中国陶磁や青銅器、日本陶磁、サム・フランシスやルオーまで、書画工芸全般に及ぶ作品群は、質量ともに日本屈指のコレクションである。出光は晩年、「私の一生はいつも美にリードされてきた」と振り返っている。写真は、古唐津との出会いとなった茶碗《ちゃわん》を手にする出光佐三(昭和44年)。

2005年8月号掲載

# グリコの父 江《え》崎《ざき》利《り》一《いち》

一粒三百メートル、
笑顔のゴールイン印《マーク》、
何が出るかお楽しみの
豆玩具……
誰もが
子ども時代に親しんだ
赤い箱のグリコが
誕生するまでには
四十歳を前に佐賀から
菓子業界にうって出た、
ある男の強い意思があった。

■江崎利一。戦災で焼失した東京工場を、昭和26年(1951年)に再建したときの火入れ式にて。前年に副社長である長男を亡くして悲嘆にくれたが、自らを奮い立たせて再出発を誓った。当時68歳。

文＝宮本まり
Text by Mari Miyamoto
写真＝藤原武史
Photo by Takefumi Fujiwara

1──最初のマークは、顔がこわいと敬遠され、笑顔に改めた。

2

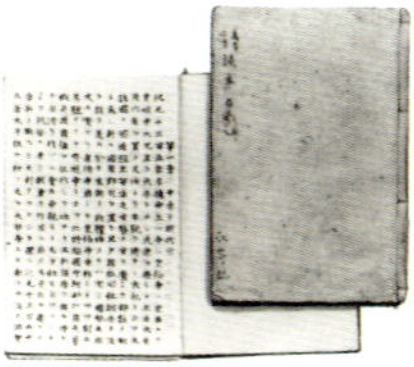
3

4

# 息子の命を救われて

「えっ、キャラメルをこれから始めるんですか?」

江崎利一がグリコの製造・販売に乗り出したとき、菓子業界を知る人の多くが反対した。キャラメルへの新規参入は難しかったからだ。

日本で最初のキャラメルは、明治三十二年(一八九九年)に、森永製菓から発売された。創立者の森永太一郎は、利一と同じ佐賀出身である。二番手は明治製菓。さらに次々と同業者が増え、一時は五十以上も乱立したが、森永や明治の大きな力には対抗できず、それら業者の大半は撤退してしまっていた。

一方そのころの利一は、苦労がようやく報われ、佐賀で興した葡萄《ぶどう》酒の販売業で、九州有数の店の仲間入りを果たしたが、四十歳を目の前にしている。これから商業の都大阪に出て、畑違いの菓子作りに挑むなんてと、危ぶまれたのは無理もない。

しかし大正十年(一九二一年)、江崎商店は大阪でグリコを売り出す。森永キャラメル発売の二十二年後だ。ただし江崎利一に森永の後追いという気はない。彼はグリコを、キャラメルとは別のものだと考えていた。

"栄養菓子"。これがグリコの商品としての立ち位置である。

グリコの名は、グリコーゲンから来ている。肝臓や筋肉に多く含まれるこの多糖質と利一の出会いは、大正八年(一九一九年)にさかのぼる。

当時最新式の自転車で行商中の彼が筑後川沿いの道を走っていると、河原で漁師たちが有明海のカキを大鍋でゆでては煮汁を捨てる場面に出くわした。

カキには確かグリコーゲンという栄養が含まれているはず、とかつて薬品の業界紙で見た記事を思い出した利一は、煮汁を貰《もら》い受けて九大に分析を依頼した。結果は予想以上に良く、捨てられていた煮汁に新しい可能性を開くものだった。

父が傾けた薬種業を十八歳で継ぎ、貧しい中で工夫と努力を重ねて江崎の家を見事に立て直していた利一がこれをチャンスと見たのは当然だ。が、この発見は単なる儲《もう》け話には終わらなかった。翌年、八歳の長男がチフスにかかって生死の境をさまよったとき、研究中のグリコーゲンエキスに命を救われるのである。

これほど有効なグリコーゲンをぜひ世に広めたい、と利一は思った。

## 昨日も売れず　今日も売れず

当初は、薬にしようかと考えたが「予防は治療に勝る」という九大の医師の言葉に、成長中の子どもたちにこそ食べさせるべきだ、と菓子にすることを思いつく。

形こそキャラメルだが、中身は違う。栄養菓子だ。だからグリコキャラメルではなく"グリコ"と言い切るようにした。短く単純なほど印象に残りやすい。利一のイメージ戦略は着々と具体化し、いよいよマークとキャッチフレーズに及ぶ。

2――発売当初のグリコには、立体の玩具ではなく、絵カードが入れられていた。
3――家が貧しかった利一は、高等小学校４年までの学歴しかない。教科書も買えず、友人に借りて筆写。だがそれが予習となり、首席で卒業している。
4――大正時代に撮影された、佐賀県神崎郡蓮池町(現・佐賀市蓮池町)の生家、江崎薬店。
5――生家はその後地元に寄贈され、公民館として利用されている。「公民館」の額は利一の揮毫《きごう》。館内には彼に関連した展示も。
6――10歳のときの写真。前列中央が利一。

9

8

7

考え事をするとき、彼はよく生家の近くの八坂神社を散歩した。この境内で駆けっこに興じる子どもの姿から、バンザイしてゴールする絵がひらめく。さらに「一粒三百メートル」という言葉が浮かび、新しい栄養菓子の勢いを表すのにぴったりの組み合わせが誕生した。ちなみに、語呂の良い三百メートルという数が先に決まり、グリコのカロリーは後でそれに合わせたようだ。

かくして大阪に出る準備万端が整った。十分な資金も携えての自信と覚悟に満ちたスタート。しかし現実は予想以上に厳しかったのである。

試験的な販売を始めて半年たっても、無名のグリコを売ってくれる店がない。頂上効果を狙った利一は、大阪で一番有名な三越百貨店に売り込みをかけた。断られること実に十数回。それでもめげない彼の熱意に三越の担当者が根負けして、売場に置かせてくれることになった。

以後販路は拡大したが、売れ行きにはまだ直結しない。陳列中に溶けたとか、味が悪いといった苦情が相次ぎ、先行きに不安を感じた従業員が辞めたいと言い出したりもした。

子どもに好まれる味へと改良を重ね、ようやく収支が黒字になったとき、大阪に出て三年がたっていた。

が、出荷が伸びて増産したのが裏目に出た。大量の返品を抱える羽目となり、少々の黒字は一気にふっ飛んで大赤字を生む。社員一同必死でそれを乗り越えたと思ったら、今度は金融恐慌で取引銀行が休業してしまい、明日の運転資金にも窮するという出来事もあった。

橋の上から川を眺めていて、ふと「飛び込めば楽になる」と考えるつらい日々

7——筑後川の下流、早津江川の河畔で利一はグリコーゲンに出会った。有明海に漁に出る船はいまも珍しくない。

8——生家のすぐそばの八坂神社。鳥居から社殿までの短い参道を駆け抜けた少年の姿が、あのマークになった。

9——昭和5年(1930年)、米国産業視察団に参加し、アーモンドに着目した。そのメモ帳とパスポート。

10——佐賀駅前で親しまれていた広告塔。区画整理で姿を消した。

11——時代を映すオリジナル玩具。上から戦前の軍隊もの、物資不足の戦後期の実用品、経済成長期に入ると、ブリキ製のミニチュア電化製品が増えた。

10

だったが、その時期を支えたのは、息子の命が証明したグリコーゲンの効果と、この商いで世に貢献したいという願いだった。

## オマケという二つの文化

グリコを語るときに忘れてはならないのが、オマケである。もっともグリコ社内では、単なる添えものではなく、菓子と一体の商品である、という考え方から、おもちゃと呼ばれている。「子どもにとって食べることと遊ぶことは二大天職である」。だからどちらも大切に、という江崎利一の発想から生まれた小さなおもちゃは、子どもたちはもちろん、童心を忘れない大人たちにも時代を超えて愛された。オリジナルのものが多く使われるようになったのは、昭和十年（一九三五年）から。一つのデザインで百万個こしらえることも珍しくなかった。

宣伝重視の利一らしく当時でも多くの人員を擁した広告課で、景品担当はその中にあった。集まったアイデアマンたちは、児童文化の一端を担う心意気で、日夜楽しい工夫にいそしんだ。

11

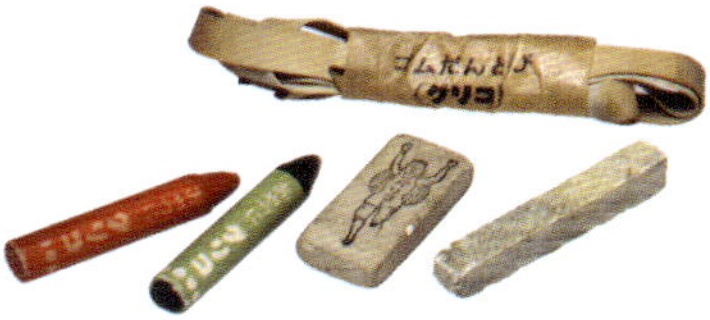

12――社員の親睦組織の会章として、利一が筆で描いたバンザイマーク。
13――母子健康協会による健康優良児の審査風景(1954年・佐賀)。懐かしく感じる、元優良児も多いのでは。
14――工場が焼失し、戦後しばらくは社内食堂で寝起きして指揮を執った。

太平洋戦争の一時期を除いて、子どもたちに届けられたおもちゃの総数は五十億個ともそれ以上とも推計されるが、何種類あるかは誰にも分からないとか。

さて、時代の波風の中、故郷佐賀の訛《なま》りで、「おい(自分)は天才ではなか、努力の人よ」を口癖に「面倒なことばやらんば、商売は成功せんよ」と社員を引っ張り続けた江崎利一は、昭和五十五年(一九八〇年)、九十七歳の長寿を全うする。江崎商店は製品の幅を広げ、江崎グリコという巨大な企業に発展していた。

大阪本社の敷地に建てられた江崎記念館には、「事業奉仕即幸福―事業を道楽にし死ぬまで働きつゞけ学びつゞけ、息が切れたら事業の墓に眠る」という利一の座右の銘が掲げられている。まさに彼の生涯は、この信条を体現していた。また、利一が私財を投じて設立した財団法人「母子健康協会」は、小児医学に貢献する研究の助成などで、社会への奉仕を実践している。

会社の基礎を築いた赤い箱のグリコの売り上げは、いまでは全社の一%に満たないが、生産を止めることは絶対にないという。箱の側面には「グリコーゲンを含む」という成分表示。文字こそ細かいが、原点は変わらずここにあるのだ。

15――江崎記念館／創業50周年を記念して、社員に創業の志や会社の歴史を伝えるべく設立された施設だが、一般の見学も可能(要予約)。数千種のおもちゃや広告の歴史、江崎利一ゆかりの品や資料などを展示していて、見応えがある。大阪市西淀川区歌島4-6-5　月曜～金曜の13:30～・14:30～・15:30～、土曜・日曜・祝日・お盆・年末年始休、入館無料 ☎06(6477)8352 JR塚本駅から徒歩16分。

■参考資料
『創意工夫－江崎グリコ70年史』
(江崎グリコ株式会社)

■協力
江崎グリコ株式会社

2005年9月号掲載

日本を近代国家にした外交官

# 小《こ》村《むら》寿《じゅ》太《た》郎《ろう》

明治という時代に、
外交官として
近代国家の礎を築いた
小村寿太郎。
薩長閥で
占められていた
明治政府の中で、
彼は九州の
小藩から東京へ、
そして世界へと、
活躍の場を広げていった。

文＝清沢英彦
Text by Hidehiko kiyosawa

写真＝藤原武史
Photo by Takefumi Fujiwara

■小村寿太郎。飫肥（現・宮崎県日南市）に生まれ、大学南校（現・東京大学）で英語を学び、米国ハーバード大学へ留学。帰国後は司法省、外務省に出仕し、外交官として活躍。46歳で第一次桂内閣の外務大臣となり、晩年には第二次桂内閣の外務大臣に再任。56歳で外務大臣を辞任。その年、神奈川県葉山で死去。写真は51歳のころ。

1——小倉処平(1846～1877年)。振徳堂に学び、文部権大丞として学制取調のため欧米に留学、征韓論で下野したのち、大蔵省に出仕、西南戦争にて自刃。

いまから百年ほど前、日本とロシアは戦争をした。

その当時生まれていなかった私たちの世代が反射的に思い浮かべるのは、中学や高校の歴史の教科書に載せられていた写真。テーブル越しに日露両国の代表団が向かい合っている。その中に、ひときわ小柄で瘦《や》せてはいるが、背筋をぴんと伸ばし、どこか古風な威厳を漂わす紳士がいた。「ポーツマス講和会議における日本全権大使」…日露戦争を終わらせるために、明治三十八年(一九〇五年)、米国・ポーツマスの町で和平のテーブルに着いた日本側代表が、小村寿太郎である。

## 飫肥城下での人間交流

日南の海を控え、杉の美林に囲まれた山里に広がる飫肥藩の城下町。小村寿太郎は、安政二年(一八五五年)、下級武士小村寛《ひろし》の長男としてこの地に生まれた。

六歳になると、藩校「振徳堂《しんとくどう》」に入学。儒教を中心とするその校風は、「人の人たる道を修業すること」。後に外交官としての小村寿太郎の骨格を成す人格—私欲を捨て、正直で誠実に生きる—は、この振徳堂で育《はぐく》まれた。

一方、多感な少年期の寿太郎が学んだのは、藩校の教育だけではない。自宅から藩校に通学していた数年間、放課後になると彼は稲沢熊治の私塾へも通っていたし、家に帰れば算盤《そろばん》片手に近所の商家の子たちと遊び、農繁期には親戚《しんせき》の家を手伝いながら農家の子とも親しんだ。

幕末から明治へと世の中が大きく変わっても、まだまだ地域社会の封建

2——小村寿太郎生誕之地碑。父・寛は飫肥藩の「産物方」と城下の本町の別当職、現代でいえば産業長官と市長を兼務していた。
3——いまなお門・石垣を残す稲沢熊治の私塾跡。小村寿太郎は少年時代、藩校と並行してここにも通っていた。
4——往時の姿を残す旧藩校「振徳堂」の主屋。東西に2つの寮を備え、多い時には100人余りを収容したという。

2

3

4

的な身分意識が根強く残っていた。武士の目から見れば、商業や農業などの実利的な行為は卑《いや》しいことだとされていたのだ。しかし、算術を学び、農作業に精を出す寿太郎自身はまったく気にせず、むしろ、農村の友達が出来たことを喜んだ。いろいろな立場の人間と交流し、さまざまな経験をしたことが、彼の中に幅広い考え方、ものの見方の芽を育てていくことになったといえるだろう。

飫肥で育った小村寿太郎には、もうひとつの幸運があった。それは、彼の才能を見抜き、より良い環境へと導いてくれた小倉処平《おぐらしょへい》の知遇を得、格別の薫陶を受けたことだ。

振徳堂教授陣の一人でもあった小倉は、幕末の混沌《こんとん》の中で飫肥藩の外交に飛び回った俊英で、藩主に西洋の学問の必要性を働きかけ、留学生を長崎に送ることを提案。その一人に選ばれたのが、小村寿太郎だった。

小倉に伴われて長崎の洋学校「致遠館《ちおんかん》」に遊学した寿太郎は、やはり小倉に伴われて、そこからさらに東京へ旅立つ。目指すのは大学南校（東京大学の前身）。ところが、この学校の学生が薩長などの大藩出身者で独占されていることを知るや、小倉は、地方の人材にも同等に勉学の機会を与えるべきとの貢進生制度を政府に建議。結果、全国から三百十人の学生が入学する。飫肥藩からは小村一人が選ばれ、英語組に編入。この英語との出会いが、やがて小村を外交官の道へと導くことになる。

飫肥という九州の地方町に生まれ育った一人の才知溢《あふ》れる若者を、大藩で占められた東京の大学に導き入れたのが、小倉処平という人だった。

5

小村もまたその志を受け、藩閥が幅を利かせるエリートたちの中で頼れるのは自分の能力だということを見極め、不屈の努力を重ねていった。

英才を認められた小村は第一回文部省留学生に選ばれて渡米。ハーバード大学で法律を修めて卒業し、二十五歳で帰国する。帰郷して真っ先に向かったのは、西南戦争で西郷軍に参加し、延岡で自刃《じじん》した小倉処平の墓前だ。そこで小村は、いつまでも号泣していたという。

## ポーツマスの攻防

日本が近代国家として発展していく過程で、ポーツマス講和会議はまさに国の存亡をかけた重大局面だった。前年からの戦いで、陸ではロシアの南下拠点になっていた旅順《りょじゅん》、奉天《ほうてん》を陥落させ、海では世界最強といわれたバルチック艦隊を撃破。国民はその大勝利に沸いたが、内実はすでに財源も兵力も底をつき、それ以上の戦争継続

5――ポーツマス講和会議の様子。ロシアの全権大使・ウィッテ(右端)と卓をはさんで対峙する日本全権の小村寿太郎(左から3人目)。1カ月に及ぶ熾烈《しれつ》な交渉に、小村は"誠実"を基本とした外交術を展開し、決裂の危機を乗り越えて条約締結を成し遂げた。

6――講和条約調印後、仲介の労をとったルーズベルト米大統領の別邸へ表敬訪問に向かう小村一行。

7――日露講和を記念して米国の新聞が発行した「ポーツマス・ドラマ」と題されたグラビア刷り。中央にルーズベルト、右に明治天皇、左にロシア皇帝ニコライ2世。下の4人が講和会議での日露両国の全権大使。

8――日露関係が決着した後、明治39年(1906年)に駐英大使として赴任した小村寿太郎。身長約156cmという小柄ながら、彼の醸す威厳と品性は、まさに"小さな巨人"の趣きだった。

は困難だった。戦況有利なうちに和睦《わぼく》しなければならない。しかし、ロシアは頑として敗戦を認めず、おまけにアジアでの利権を目論《もくろ》む欧米列強の目が、この日露間の決着に注がれていた。もしここでロシア有利の条件で講和すれば、欧米列強によるアジア支配の波に日本は飲み込まれかねない。これが百年前の日本を取り巻く情勢だった。

小村は冷静かつ毅然《きぜん》として一カ月に及ぶ粘り強い交渉を続け、講和条約の締結にこぎ着けた。ロシアの満州(中国東北部)支配をきっかけに始まった戦争だが、小村の卓越した交渉術によって、満州からの全面撤兵などを実現することができた。

しかし、内情を知らない国内の世論は、ロシアから賠償金を取らなかったことを屈辱外交と非難。東京では暴動にまで発展した。だが、帰国した小村は一切を弁明することなく、この非難を一身に受け止めた。実は彼は、かかる国民的非難を覚悟の上でポーツマスに臨んだのだ。自国民から名誉を傷つけられることも厭《いと》わず、ただただ国家を守るために自分ができる外交を真摯《しんし》に貫く— それが小村寿太郎だった。

このとき小村に貼《は》られた〝腰抜け外交官〟のレッテルは、巷間《こうかん》に長く定説となって残り、郷里の飫肥においてさえ、その真相を知らない人が多くいたという。

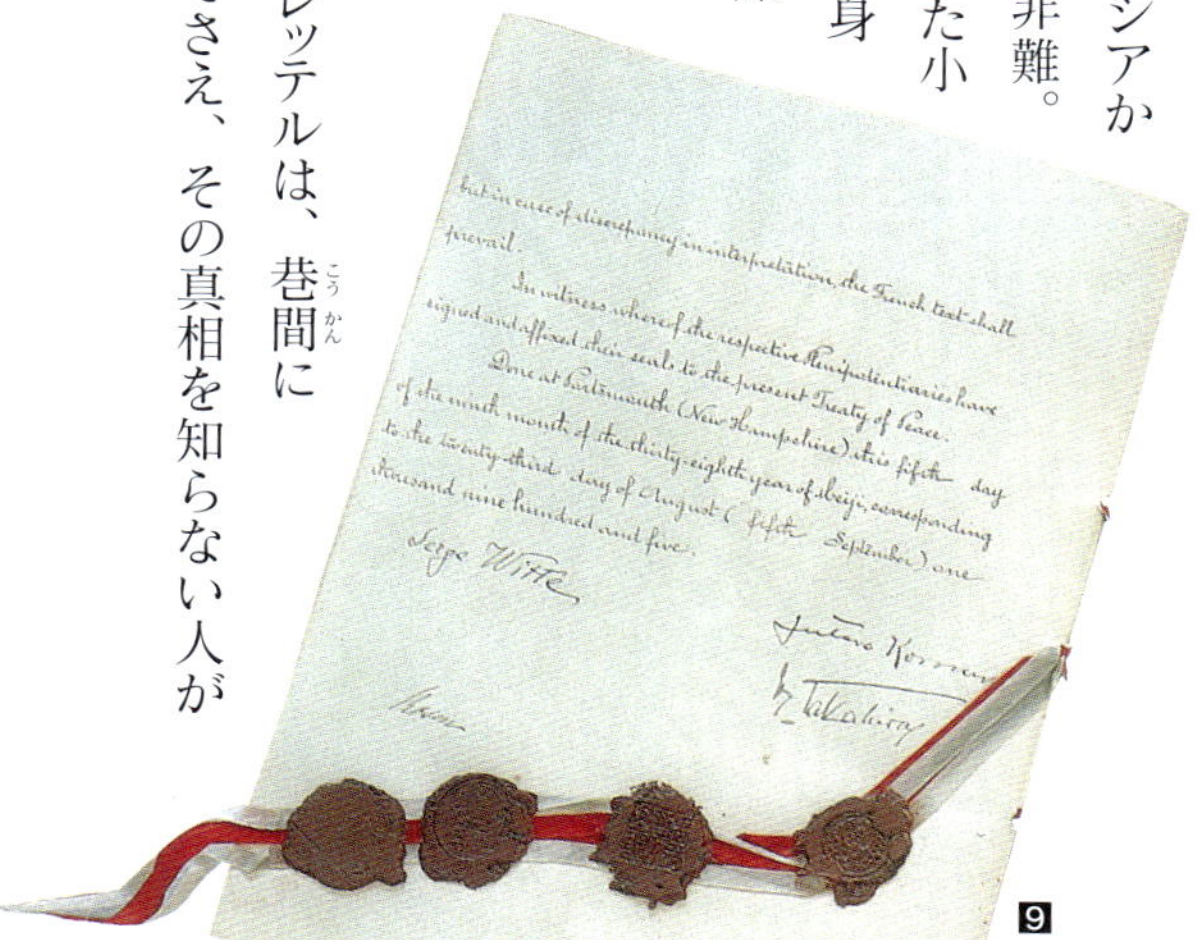

but in case of discrepancy in interpretation, the French text shall prevail.

In witness whereof the respective Plenipotentiaries have signed and affixed their seals to the present Treaty of Peace.

Done at Portsmouth (New Hampshire) this fifth day of the ninth month of the thirty-eighth year of Meiji, corresponding to the twenty-third day of August (fifth September) one thousand nine hundred and five.

Serge Witte

Jutaro Komura

K. Takahira

9——ポーツマス条約
(外務省蔵・写真はレプリカ)

# 日本近代外交の小さな巨人

小村寿太郎の功績はポーツマス条約の締結だけではない。明治四十一年(一九〇八年)には、第二次桂内閣発足に伴って再び外務大臣になる。このときの日本外交の大きな課題は、徳川幕府が欧米諸国と結んだ不平等条約の改正だったが、小村はわずか一年の間に、米、英、独、仏の四カ国と通商航海条約の調印を果たし、幕末の開国以来の念願だった関税自主権の回復に成功した。これにより、日本は名実共に独立国家として世界に認められたのだった。

これら歴史の年表に記される数々の偉業の裏に潜んでいるのは、彼の水面下での渾身《こんしん》の働きぶりだ。たとえばポーツマス条約以降、親日的だった米国は日本の強大化を警戒するようになり、主力艦隊を太平洋に巡航させるという威嚇《いかく》行動に出た。その情勢下で小村が取った手は、艦隊を日本に寄港させて歓迎すること。米国の示威行動を逆手に、日米関係を好転させることを目論んだのだ。こういった一局面に対しての鋭い洞察力と機敏な判断力、そして人を動かしていく力量の集積が、後に関税自主権の回復という大きな結果を生み出していったのである。

外務省の外交史料館の入り口左手には、日本の外交史上、際立った功績を残した三人の外交官の写真が飾られている。右が陸奥宗光《むつむねみつ》、左が吉田茂。そして中央に、小村寿太郎。政治家としての野望を一切持たず、武力と利権が複雑に絡みあう当時の国際関係の中で見事な舵《かじ》を取り、近代国家たる日本の地位を確立した小村寿太郎は、日本を代表する外交官としてその名を刻んだのである。

10・11——日南市国際交流センター　小村記念館／郷土の偉人・小村寿太郎を顕彰するために平成5年(1993年)に開館。小村寿太郎ゆかりの品や資料などで生涯の足跡を紹介。ポーツマスでの講和会議場も再現されている。宮崎県日南市飫肥4-2-20-1　9:00～17:00、12月29日～31日休、大人200円・高大学生150円・小中学生100円　☎0987(25)1905　JR飫肥駅から徒歩15分。

2006年4月号掲載

# 歴代伝世品でたどる 沈《ちん》壽《じゅ》官《かん》窯《がま》 四百年の歩み

**李朝の流れを汲《く》みながらも、いつしか、独自の作風を築き、日本に大輪の花を咲かせた薩摩焼宗家。そのたゆみない歴史をたどる。**

**【火計《ひばか》り茶碗】** 高8.9cm×幅14cm

■初代當吉の作と伝えられる。土も釉薬《ゆうやく》も朝鮮から持参したものを使い、ただ火だけを日本のものを使ったことからこの銘がある。「薩摩焼400年祭」の際、そんな初代たちを偲《しの》び、14代沈壽官氏が故郷から採火し、美山に運んだことは有名。

文＝森武佳津枝
Text by Kazue Moritake

写真＝四宮佑次
Photo by Yuji Shinomiya

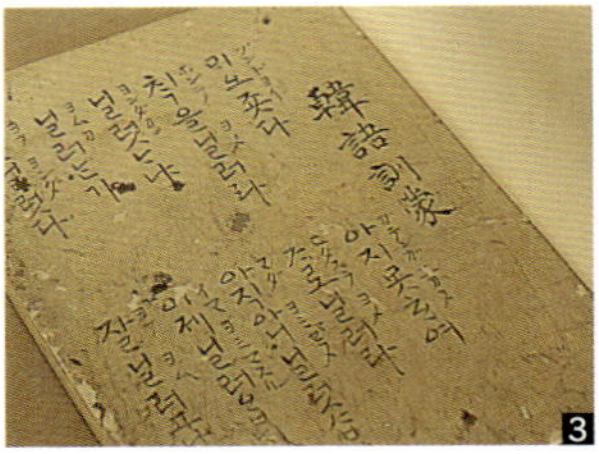

# この地、故山に似たり

海はどこにあるのだろう。台地の上に鎮まる玉山宮から、東シナ海を探したがよく分からない。伸びすぎた雑木林のせいか。ただ、空が明るく映える方向に漠然と海を感じた。

玉山宮は、薩摩焼の里・美山《みやま》にある鎮守《ちんじゅ》だ。一見、普通の神社に見えるが、祀《まつ》られるのは異国の神。朝鮮開国の神祖といわれる檀君《だんくん》である。祀る神が韓神《からがみ》ということは、祀った人も韓人であったということだ。

神社の裏手に回ると、大正時代の改修工事碑があった。そこには、李、姜、金といった朝鮮姓が並ぶ。その一隅に薩摩焼宗家、沈氏の名も刻まれていた。約四百年前、朝鮮半島から連れて来られた陶工たちの末裔《まつえい》である。豊臣秀吉の朝鮮侵略は、文禄元年(一五九二年)から慶長三年(一五九八年)の六年間に及ぶ。それは、朝鮮陶芸の技をわが国に移そうとした「焼き物戦争」でもあった。

薩摩の島津義弘も朝鮮に出陣し、八十余人の陶工たちを連れ帰る。彼らを乗せた船の一隻は、漂流して串木野に流れ着いたが、連行した張本人の島津氏は、直後に起こった関ヶ原の戦いに翻弄《ほんろう》され、彼らをどうこうする余裕がなかった。さらに、この陶工たちは、不忠の廉《かど》で成敗された重臣が連れてきたものらしく、その後始末にも手こずった。

どちらにしても、漂着した陶工たちは、いきなり、言葉も通じない異国の地に放り出されてしまったのだ。孤立無援の日々。彼らにできることは、足下にある土を取り、焼き物に変えることだけだった。

最初は大きな水《みず》甕《がめ》だった。丈夫な水甕は人気を呼び、彼らはしばらく串木野の浦に住み着いたといわれる。しかし、異国人を嫌う浦人に追い出される。彼らは窯を捨て、内陸へと移住を続けた。そうして苦難の末にたどり着いたのが、この苗《なえ》代《しろ》川《がわ》(現・美山)の地であった。

「この地、故山に似たり」。作家の司馬遼太郎氏は、そんな陶工たちの姿を著書『故郷忘じがたく候』で追っている。

海が望める苗代川は、不思議と故郷の山河に似ていた。彼らは、この地に窯の火を揚げ、丘の上に故国の神を祀り、故郷をしのびながら、異国の地で生きる決意を固めたのだ。
十五代続く薩

1——玉山宮。苗代川に窯を構えた陶工たちが創建した神社。朝鮮建国の神・檀君を祀る。
2——生垣が続き、武家門がそれを区切る美山の町並み。
3——陶工たちの子弟の教育に使われた朝鮮語の教科書。苗代川の教育水準は高く、薩摩藩の公式通詞もこの集落から出した。
4——2004年12月19日、沈壽官窯を訪れ、登り窯の説明を受ける韓国・盧武鉉《ノムヒョン》前大統領夫妻。一番右が15代沈壽官氏、その左が14代沈壽官氏。(写真提供/西日本新聞社)

**【明和九年在銘観世音座像】**
**高23.5cm×幅21.2cm**
■7代 當壽作。現存する苗代川最古の捻《ひね》り物。胎内に「明和九年辰四月」の文字が陰刻されている。

**【指頭文渦巻徳利】** 高18cm×幅10.2cm
■2代當壽作。黒土で形成したものの上に白土で化粧し、指の頭で白釉をかき落とす技が使われている。

**【角形酒器】** 高21.5cm×幅16.3cm
■8代當園作。珍しい方形の酒器。この時代、ロクロを使わず、ここまで正確に形成するには、非常に高い技術が必要であった。

**【陰刻草花文徳利】** 高20.3cm×幅13.8cm
■3代 當吉作。苗代川の古窯・堂平窯で焼かれた。朝鮮陶工の技が薩摩の風土や文化に馴染《なじ》み始めたころのもの。

**【白薩摩竜飾大花瓶】**
高122cm×幅78cm

■12代沈壽官作。慶応3年（1867年）のパリ万国博覧会に薩摩藩が独自に出品し、高い評価を受けた作品の一つ。

**【薩摩宋《すん》胡《こ》録《ろく》象耳付花瓶】**
高34.2cm×幅15.7cm

■9代當榮作。薩摩宋胡録は享保年間（1716～35年）に始まる技法。南国風の文様を鉄分を含んだ絵具で描いている。

**【透彫伏香爐】** 高25.5cm×幅15.7cm

■13代沈壽官作。13代が亡くなる直前に作り上げた遺作。丹念な透かし彫りとロクロの技が、技術の確かさをうかがわせる作品。

**【錦蘭手花鳥文六角茶壺】** 高14cm×幅9.7cm

■12代沈壽官作。明治天皇に献上した茶壺の控え。典型的な薩摩焼の絵付で、献上品の中でも最高の出来を誇る。

**【薩摩夏香爐】** 高32cm×幅17.5cm

■15代沈壽官作。透かし彫りの香炉に捻り物の甲虫《かぶとむし》や蝶を配した作品。伝統的な技法を融合させ、新しい作風を生み出している。

**【薩摩盛金七宝地雪輪文大花瓶】**
高50cm×幅32cm

■14代沈壽官作。平成5年(1993年)、韓国の大田《テジョン》EXPOに出展した作品。「盛り金」という秘技を使った14代の傑作。

**【牧童の置物】** 29.8cm×幅41cm

■15代沈壽官作。表情や描写の細やかさに、捻りの技の確かさがうかがわれる。

摩焼宗家、沈壽官家もその一人である。沈氏の本貫は、韓国の慶尚北道《キョンサンブクド》の青松《チョンソン》。高麗末の沈洪孚《シムホンブ》を始祖とする一族の歴史は七百年にも及び、朝鮮王朝第四代王、世宗大王《セジョンデワン》の妃をはじめ、国の高官に名を連ねる者も少なくなかった。それほどの一族が、陶工たちと共に捕われたのは悲劇としか言いようがない。

一説に、沈家は陶工たちを束ねる官吏であったという。陶芸の覚えもあったのだろうか。初代當吉の作と伝えられる「火計《ひばか》り茶碗」は、李朝の美しさをたたえる見事なものだ。

## 日本の中の高麗国

日本上陸から七十年。治世安定した島津氏は、ようやく苗代川の陶工たちに目を向ける。彼らに家屋敷や扶持《ふち》を与え、苗字を名乗ることを許す士分に取り立てたのだ。さらに、他藩のように、彼らを日本人に同化させることもしなかった。朝鮮の氏姓を名乗らせ、服装髪型もそのまま。子どもたちには朝鮮語を習わせた。そのため、明治のころまで、苗代川は小さな高麗国のようだったという。ずいぶんと寛大な庇護《ひご》ぶりだが、その裏には島津氏なりの計算がある。

「朝鮮との対外貿易に、苗代川の陶工を公式通詞として使ったのです」と、十五代沈壽官氏は語る。陶工たちを密貿易の交渉役に当たらせ、寛容でインターナショナルな藩主であると印象づけたというのだ。

5——15代沈壽官氏。早稲田大学、イタリア国立美術陶芸学校卒業後、韓国の金一萬窯で修業。平成11年(1999年)1月、15代を襲名。伝統を受け継ぎつつ新たな作風を目指す。

6——平成10年(1998年)にソウルで開催された「沈家伝世品展」には、金大中《キムデジュン》大統領(当時)も訪れた。14代沈壽官氏は韓国名誉総領事としても日韓の親善に尽力している。

# 二つの祖国の間で

しかし、明治以降、苗代川の陶工たちの立場はガラリと変わる。これまで藩の庇護下にあり、一種のエリートであった彼らも、自力で食べていかなければならなくなった。そんな逆風の中、十二代の沈壽官氏は、私財を投じて藩営焼物所を買い取り、海外輸出の道を拓《ひら》き、薩摩焼の再興に力を尽くしたのだった。

薩摩焼は国内外で高い評価を受け、名声を恣《ほしいまま》にした。しかし、大日本帝国の名のもと、日本がアジア諸国に覇権を進めるにつれ、異民族として苦しい思いをしたのも事実である。

戦後、十四代沈壽官氏は、自らの血をたどるように度々韓国を訪れ、先祖の墓参も果たした。「薩摩焼四百年祭」を記念して平成十年(一九九八年)にソウルで開催した「沈家伝世品展」を機に、韓国内でも沈家への関心は高まり、民族の誉れと誇るようになった。

平成十六年(二〇〇四年)の十二月には、韓国の盧武鉉《ノムヒョン》大統領(当時)が沈家を訪れた。一国の最高責任者が、異国にある一族をこんな形で訪れるのは稀《まれ》なことだろう。

「大統領に一礼してもらったとき、ここの山や空気がいい感じになったんです。四百年間、詰まりに詰まったものが、やっと取れた感じです」と、十五代沈壽官氏は微笑《ほほえ》む。

始祖の国の伝統を受け継ぎながらも、その技法に頼らず、独自の技術を開花させた沈壽官家と苗代川の陶工たち。土と火、日本と朝鮮半島。二つを結んで生まれた薩摩焼は、未来へのさまざまな答えをはらんでいる。

7——薩摩焼宗家 沈壽官窯／優雅で気品に満ちた白薩摩を中心に、歴史に磨かれた陶技が息づく作品を制作。敷地内に歴代の名品を展示した「収蔵庫」とショップを併設。鹿児島県日置市東市来町美山1715 収蔵庫／8:30～17:00、第1･3月曜休、大人(高校生以上)300円 ☎ 099(274)2358 JR伊集院駅から車で10分。

■参考資料
『薩摩焼 沈家歴代作品図録』(沈壽官窯)、『薩摩焼十五代 沈壽官展』(株式会社三越)、『故郷忘じがたく候』司馬遼太郎(文藝春秋社)他

■作品写真提供 沈壽官窯

2006年7月号掲載

## 佐賀の明君

# 鍋《なべ》島《しま》直《なお》正《まさ》

時代の先を見据える
確かな目と
大胆な実行力で
佐賀藩を
幕末きっての雄藩に
成長させた
鍋島直正。
その成功のかげには、
家臣や領民の融和を
図ろうとする
やさしい人柄が秘められていた。

文＝川副義敦
Text by Kawasoe Yoshiatsu
写真＝久我秀樹
Photo by Hideki Kuga

■鍋島直正。鍋島斉直の17男。天保元年(1830年)、佐賀藩の10代目藩主となる。財政・軍事など諸改革に取り組む一方、洋式鉄製大砲を日本で初めて鋳造するなど軍事力を強化し、佐賀藩を雄藩へと導いた。(写真提供／鍋島報效会)

# 佐賀藩主鍋島直正の登場

天保元年(一八三〇年)二月、佐賀に満十五歳の藩主が誕生した。佐賀藩第十代藩主鍋島直正。このときから三十五万七千石の大藩の命運は、その若き藩主の肩に重くのしかかった。

佐賀には「鍋島は一代交《か》わし」という言葉があった。鍋島藩は一代おきに明君が出るという。直正の父、前藩主の斉直《なりなお》はけっして暗君ではなかったが、時流の中では英明の君主ではなかった。

『鍋島直正公伝』には、斉直は「刻限を守るに怠慢で、しかも外出時は必ず雨降る、このため雨神と呼ばれた。また駕籠《かご》の窓を閉め、人に顔を見られるのを嫌った」のに対し、直正は「天性機敏で常に刻限を守られた。外出時は天気常に晴朗となるため、晴神と呼ばれた。駕籠の窓は開放し、好んで乗馬して遊行、人と接することを楽しむ」、「直正は父公と性格・境遇ともに正反対で、鍋島の一代交わしの俚諺《りげん》にかなうこと少なからず」と書かれている。直正は、藩主となったその日から、「明君」としての期待と宿命を担っていたのである。

江戸桜田の佐賀藩邸に生まれた直正は、藩主世襲の翌月、初めて江戸から自らの領国である佐賀に向けて行列を整えて出発した。しかし、前途洋々たるはずの彼を初の試練が見舞う。

父の代までに築かれた莫大《ばくだい》な借金の取り立てに押しかけた商人たちの座り込みに遭い、出発を延引せざるを得なかったのである。駕籠の中で直正は、不運の身の上を思い、悔し涙に打ち震えた。使命感に燃える、清廉潔白の若き藩主にとって、この出来事は忘れ難い屈辱的な記憶として彼の脳裏に深く刻み込まれた。

## フェートン号事件と子年《ねどし》の大風

直正が生まれる六年前の文化五年(一八〇八年)八月、佐賀藩ばかりか幕府をも震撼《しんかん》させる大事件が起こった。イギリスの軍艦フェートン号が長崎に侵入、オランダ商館員二人を拉致して食料と水を要求したのである。日本側は直ちに撃退に努めたが、警備担当の佐賀藩の兵士はわずかに百五十人。四十八門の大砲と、三百五十人の乗組員を有するフェートン号の跳梁《ちょうりょう》をただ手をこまねいて見ているだけの状態であった。

鎖国の体制下、幕府は佐賀・福岡両藩に対して一年置きに長崎の警備を命じていた。しかし、平穏な年が続くうち警備も緩慢となり、当番の佐賀藩の警備は本来の十分の一ほどの体制に過ぎなかった。十一月、幕府はその怠慢を責め、藩主斉直に百日間の謹慎を命じた。藩内では、歌舞《かぶ》・音曲《おんぎょく》や月代《さかやき》(ちょんまげをのせる額)を剃《そ》ることを禁止、酒売り・鍛冶《かじ》・桶《おけ》作りなど賑《にぎ》やかな音の出るものの営業、祭礼や市の開催も停止された。かくして翌年の佐賀の正月は静まり返り、人々にことさら鮮烈な印象を残した。

また、直正世襲の一年半前には、空前の台

3

1——直正が再建した佐賀城本丸御殿を当時のままに復元した「佐賀城本丸歴史館」。佐賀市城内2-18-1 9:30~18:00、年中無休(6月29日~7月3日・12月29日~31日休)、入館無料(満足度に応じた募金を)☎0952(41)7550 JR佐賀駅からバスで10分。

2——徴古館横に立つ藩校弘道館跡の碑。

3——天保9年(1838年)に再建された佐賀城本丸御殿の表御門「鯱《しゃち》の門」。

4

5

風が佐賀藩を直撃。台風は八月九日の深夜から翌朝にかけて北九州を駆け抜けた。「子年の大風」と呼ばれるこの台風は、帰国予定のシーボルトの船を襲い、座礁した船の積み荷が散乱、彼の荷物から禁制の日本地図が発見された。シーボルト事件の発端となったとして「シーボルト台風」の名でも呼ばれる歴史上著名な台風である。

その被害は甚大で、佐賀藩内だけでも、家屋の全壊は三万五千軒余、死者も八千余人を数えた。佐賀藩の借財は、ついに十三万両(現在の金額では約百数十億円)にのぼった。

こうした破局的状況の中で、直正は佐賀藩の新藩主となったのである。

## 直正の三大改革

さらに、直正藩主就任五年後には、追い打ちをかけるように佐賀城二の丸が火災で焼失。その百十年前に本丸も焼失していたため、佐賀藩は政治の中核を失なうこととなった。

ここに来て直正は、従来、江戸の父斉直に相談しながら進めていた政務を、独自で推し進めていく決断をした。

彼は、佐賀藩草創の根本に立ち返ろうと、政務中枢の場として本丸の再建を決意、ついで藩政の刷新・転換を図った。窮地にありながらも、この機を改革のチャンスと位置づけ、ポジティブ思考でその困難を乗り越えようとしたのである。

彼はまず、役人数の削減や陶磁器の専売により借金の減少を図ろうとする行財政改革、藩校「弘道館」を拡張して優秀な人材を育成・登用しようとする教育改革、さらに小作料の支払いを免除し農民らの没落を防ごうとする農村復興政策を実施した。

　直正主導によるこの三つの改革が一定の成果を挙げたことは、佐賀藩が次のプロジェクトへ踏み出す原動力を生み出すこととなった。

## 佐賀藩の大砲

　直正は長崎警備のため、幕府に対して、福岡藩とともに大砲百門の製造と、長崎にその大砲を据え付ける砲台の築造を要求。しかし、幕府から財政難を理由にこれを拒否されたため、彼は佐賀藩独自でその計画を実施に移すことを決意した。
　嘉永三年(一八五〇年)には城下築地《ついじ》に反射炉を築造し、鉄製大砲の鋳造《ちゅうぞう》を開始。翌年、日本初の二十四ポンド砲、三十六ポンド砲の鋳造に成功した。一方、長崎伊王島・神ノ島の砲台づくりにも着手、延べ四十万人、総工

4——当時の24ポンド鉄製大砲の復元は、佐賀県立博物館前や築地反射炉記念碑前で見ることができる。
5——幕末に佐賀藩が保有していたアームストロング砲の復元。最新式の後装施条砲でイギリスで開発された。佐賀藩は長崎のグラバーなどを介して輸入していたという。(写真提供／武雄市図書館・歴史資料館)
6——佐賀藩精煉方絵図。佐賀藩が設置した理化学研究所で、直正と藩校「弘道館」の学生たちが蒸気車ひな形の走行を見学している様子が描かれている。(写真提供／鍋島報效会)

7

8

費三万両という大工事となったが、同五年(一八五二年)にはこれも完成。大砲鋳造と砲台築造は、いずれも直正にとって後へは引けない事業であり、フェートン号事件雪辱の大プロジェクトであった。

折しも嘉永六年(一八五三年)、ペリーが浦賀に来航し日本の開国を要求。時代が風雲急を告げる中、江戸品川の台場(砲台)に配備するため、二百門という大量の大砲を、幕府が佐賀藩に依頼したのである。当時、日本で鉄製大砲を鋳造できたのは佐賀藩だけであり、その反射炉は日本最大級の工場だったのである。

佐賀藩は、三年後までに二十四ポンド砲・三十六ポンド砲各二十五門と献上用の百五十ポンド砲三門の計五十三門の大砲を幕府に納品、品川台場には試射を視察する直正の姿が見られた。

幕府は認めなくとも、必要だから佐賀藩がやる。直正は人並み外れた発想と実行力の持ち主であった。

## 佐賀藩海軍と蒸気船

大砲鋳造の一方で、直正は、火薬の製造、電信機の製作、ガラス・写真など幅広い理化学研究にも取り組んだ。とりわけ蒸気機関の開発には力を注ぎ、安政二年(一八五五年)、日本初の蒸気車・蒸気船ひな形を完成させた。さらに安政五年(一八五八年)、千歳川(現・筑後川支流早津江川)河口に日本で初めての本格的海軍を創始、慶応元年(一八六五年)には、この地でこれまた初の国産蒸気船「凌《りょう》風《ふう》丸《まる》」の完成も見た。

佐賀藩による軍事科学技術の導入と研究実践の成果は、大量の兵器と軍隊の移動を可能とする海軍方の創設によって結実したのである。

## 鍋島直正と佐賀の時代

幕末動乱の時代、薩摩や長州など他の西南雄藩が、時代の流れに翻弄《ほんろう》され、多大な人的・物的犠牲に苦しむ中、直正は最後まで佐賀藩の去就を明らかにせず、人材の確保と科学技術の育成に力を尽くした。

9

残された写真には神経質そうな直正の姿が写されている。実際に、胃腸カタルや歯痛、痔疾《じしつ》などに悩まされていたといわれ、『鍋島直正公伝』には、晩年、用便ごとに上・中・下三つの手桶《おけ》を備えさせ、手洗いに全てを使い乾《ほ》したと、病的なほどの潔癖性を顕したことが記されている。

「日和見《ひよりみ》主義」「二股膏薬《ふたまたこうやく》」と言われながらも、おそらく同様に、神経質なまでに時勢を見据え、時が熟するその瞬間まで、直正は佐賀藩を動かさなかった。そのことが、佐賀藩を幕末最大の

7——直正と第11代藩主直大《なおひろ》が祀《まつ》られる「佐嘉《さが》神社」。佐賀市松原2-10-43 ☎0952(24)9195 JR佐賀駅から徒歩20分。

8——佐賀藩が初めて製造した木製外輪蒸気船「凌風丸」の復元模型。(写真提供/佐野常民記念館)

9——神野公園内の「隔林亭」は、直正が弘化3年(1846年)に建てた別邸「神野の茶屋」の茶室。現在の建物は平成5年(1993年)に復元された。佐賀市神園4-1-3 ☎0952(24)3151(佐賀市緑化推進課) JR佐賀駅からバスで10分。

**10**——徴古館／旧佐賀藩主鍋島家に伝来した美術工芸品や歴史資料を収蔵・展示。12代直映によって昭和2年(1927年)に建てられた建物は、国の登録文化財に指定されている。佐賀市松原2-5-22　9:30〜16:00、日・祝・年末年始・展示準備期間休、300円 ☎0952(23)4200　JR佐賀駅バスセンターからバスで「県庁前」「佐嘉神社前」下車、徒歩3分。

雄藩に押し上げた。

司馬遼太郎著の『アームストロング砲』には、慶応四年(一八六八年)五月、上野の山に立てこもる数千人の彰義隊を、二門のアームストロング砲から放たれたわずか十二発の砲弾が壊滅させたと描かれる。十二発とはいかにも脚色に過ぎよう。しかし、直正を中心とした佐賀藩の洋学研究の成果はまさにこの一文に凝縮される。

けれど、これほど圧倒的な軍事力を見せつけた佐賀藩の活躍にもかかわらず、その後の新政府内では次第に佐賀藩は主流を追われていく。

明治四年(一八七一年)一月十八日、直正の死とともに、直正の築いた栄光の「佐賀の時代」は終わった。

佐賀市の神野公園は、佐賀藩主の避暑地として建てられた茶屋(別荘)だが、直正はここに重臣や改革派の若手、学識の人を集めてたびたび会合を持ち、議論のあとは飲食をともにし、余興を楽しんだ。神野の茶屋は、保守派と改革派の融和を図る場として利用され、また、領民の花見にも開放された。

明治新政府で直正とともに大納言となった岩《いわ》倉《くら》具《とも》視《み》は、直正を評して「神経質そうに見えるが大胆なことを考え、そして人には優しい」と語ったと聞く。

佐賀藩が幕末、最も近代的かつ強大な雄藩として輝きを放ったのは、改革を実行に移す決断の確かさと、人々の融和を図る優しさを併せ持ったこの直正の資質を抜きにしては語れない。

直正以後も佐賀は、多くの偉人を輩出した。彼らにも、そして現代にも、直正の魂は佐賀人の魂としてしっかりと受け継がれている。

■参考資料

『鍋島直正公伝』久米邦武・中野礼四郎（侯爵鍋島家編纂所）
『佐賀市史』佐賀市史編纂委員会（佐賀市）
『佐賀の郷土文化誌　澪《みを》』(NPO 法人 Saga よかとこ発信）

2008年10月号掲載

# 御《み》手《た》洗《らい》毅《たけし》

## "世界のキャノン"に導いたカリスマ

戦後、日本の産業を牽引《けんいん》し、世界へ発信したカメラ産業。その先駆者、キャノンの産みの親は大分出身の人間味あふれる産婦人科医だった。

文＝船木麻由
Text by Mayu Funaki

**1**――キャノンではいまも、最先端の技術を駆使して、より新しい映像世界と究極の一眼レフを追及している。

2

# 人の運命は分からない

産婦人科医から、世界に名だたる精密工業の経営者へ——。「キヤノン」の初代社長御手洗毅《みたらいたけし》は、そんな自身の転身を夢にも思わなかったという。

明治三十四年（一九〇一年）、大分県南海部《あまべ》郡蒲江《かまえ》村（現・佐伯市蒲江）の旧家に生まれた御手洗は、佐伯中学を卒業後、北海道帝国大学予科へ進学、医学部へと進む。在学中はその面倒見のいい人柄から寮長にも選ばれ、"ボーイズ・ビー・アンビシャス（少年よ、大志を抱け）"の気風あふれる青春時代を謳歌《おうか》した。

卒業後は大学の産婦人科講師を経て、東京の日本赤十字病院産婦人科へ就職。そこで診た一人の妊婦がきっかけで、彼女の夫内田三郎とカメラ好きの兄吉田五郎と知り合い、思いがけない方向へ歯車は回り出す。

三人は仕事が終わるとよく集まった。ビールを飲んで気炎を上げ、「日本には立派な軍艦も紡績もあるが、精密工業はない。これでは世界に遅れてしまう」と国の行く末を案じた。

「ならば、やろうじゃないか！」

話は次第に現実味を帯び、先の大戦で疲弊したドイツがライカ・カメラを生んだように、我々も精密なカメラをつくろう、と昭和八年（一九三三年）、六本木の木造アパートに職人を集めて、「精機光学研究所」を発足。翌年には「ＫＷＡＮＯＮ」と命名した日本初の高級三十五ミリカメラを発売した。ちなみにＫＷＡＮＯＮは、観音様から付けたもので、もっと近代的な名前を、と「ＣＡＮＯＮ」に。二年後には「ハンザキヤノン」ブランドで本格的に展開し、売れ行きは好調。昭和十二年（一九三七年）には「精機光学工業株式会社」を設立し、社長は置かずに内田が専務に、御手洗は監査役となった。

そのころ、国際聖母病院の産婦人科部長をしていた御手洗は、医師を辞める気はなく、昭和十五年（一九四〇年）には念願の「御手洗病院産婦人科」を目白に開業した。会社では、月に一度の役員会と健康診断をするくらい。ところが、日中戦争が始まるとカメラ業界は打撃を受け、御手洗は新たにレントゲンカメラを開発させて軍の医務局に売り込んだ。が、トップの内田がシンガポール司令官に招集されるなど、会社はピン

3

2——KWANONカメラのロゴ。「観音様の慈悲にあやかり世界のカメラを」との願いを込めた。
3——国産初のX線カメラ試作機(昭和15年ごろ)。当時、結核は国民病と恐れられていたが、ほとんどのX線カメラはドイツ製。そこに目をつけた御手洗は、医師ならではの視点で自社でも開発し、自ら折衝して陸海軍に納入した。

4

チに。困った社員は御手洗に、「社長になってほしい」と懇願し、やむなく会社と病院の二足のわらじ生活を始めるが、経営はずぶの素人。就任の際、「僕は医師の出身なので技術も経理も分からない。会社を繁栄させるには、皆が誠心誠意やるしかない」と社員に呼びかけた。

## 打倒ライカを目指して

こうして戦時中を何とかくぐり抜けたものの、空襲で自らの病院を焼失した御手洗は、医の道は諦《あきら》め、会社に賭けようと決意する。そして多くの工場が鍋釜をつくる中、焼け残った部品をかき集めてでもカメラづくりにこだわった。それは進駐軍も感心する出来栄えだったが、経営は綱渡りの状態。そんな折、昭和二十二年(一九四七年)の創立十周年記念式典で、彼はこう宣言する。

## 「打倒ライカを目指す」

あまりに荒唐無稽《むけい》な話に周囲は笑ったが、本人は真剣だった。

やがて〝打倒ライカ〟は行動となって表れ、目を見張る施策を展開する。まずは、世界に出るにはブランドと社名が一致した方がいいと、社名を「キヤノン株式会社」に変更。寄せ集め集団だった従業員の気持ちを一つに束ねるために組合結成を助け、永年勤続者の表彰や、全従業員と家族を招いての慰安会や観劇会、持ち家を目指す住宅組合制度などをつくり、「喜びも悲しみも皆で分かち合う」社風を育てた。

そんなキヤノンには優れた人材が集まるようになり、技術面でも格段の進歩があった。そして昭和二十五年(一九五〇年)、御手洗は世界市場を拓《ひら》くべく、最新のフラッシュ同調装置を備えた試作機を携えて渡米。アメリカで代理店を得ようとベル・ハウエル社の社長を訪ねる。しかし社長は検討の末にこう告げた。

「これはライカより数等上で、もしドイツ製ならホットケーキのように売れるだろう。しかし、お気の毒だがメイドイン・オキュパイド・ジャパン(占領下の日本製)だ。当社ブランドで生産するなら引き受けてもよいが」と。

それを聞いた御手洗は即座に、「城を売り渡すことはできない」と断り、失意とともに帰国した。

が、一方で技術の手応えは感じた。そして自分で生んだ子は自分で育てる」と、さらなる世界進出を目指すのである。ところが、そこへまたもや立ちはだかったのが、「ライカM3」の誕生だった。その完成度に驚いた社内では、以降、ライカへの追従ではなく、独自の製品をつくろうと変わっていく。

4――昭和23～24年当時の会社幹部。中央が御手洗毅。彼は「健康第一主義、新家族主義、実力主義」を唱え、「仕事が済んだらさっさと家に帰れ」と促した。

5――精機光学研究所発足当時に借りた、六本木のアパート(昭和4年ごろ)。モダンなこの建物の3階に10人ほどの従業員が集まり、苦心して手に入れたカメラを分解、その構造を調べるところからカメラづくりは始まった。

6——いまなお豊かな故郷・蒲江の自然。少年のころ、御手洗は海のかなたブラジルへの移住を夢見たことがあったという。

## 独自の技術で世界の頂点に

そんな昭和三十五年(一九六〇年)の暮れのこと、御手洗は突然、「来年三月のフォトキナで新しいものは出せないか」と指令を出す。

フォトキナは、世界の有力業者が出品する、いわばカメラ業界のオリンピック。憧《あこが》れの舞台だが、製作期間は二カ月しかない。が、御手洗には自信があった。彼らならできる。これまで優秀なスタッフを育ててきた自負があったのだ。結果、キヤノンが発表したオートフォーカスカメラは、"夢のカメラ"と注目され、ついにキヤノンは世界の頂点に。あのベル・ハウエル社の社長自ら代理店契約を求めてきたのだった。

その後もキヤノンの躍進は続き、「世の中にないものを独自の技術で開発する」御手洗の思いは、カメラ以外にも事務機、デジタル機器と多角的に広がっていった。

医師は辞めても、終生医者としての眼差《まなざ》しは失うことのなかった御手洗は、顔色の悪い社員を見かけると、声をかけて健康第一主義を唱え、いち早く週休二日制を取り入れるなど、仕事も家庭も人生も楽しむことを教えた。何事も時間厳守がモットーで、怒りっぽいが、すぐに忘れるさっぱりとした気性。そんな御手洗を社員は"親父《おやじ》"のように慕い、彼もまた八十三年の生涯にわたって人を大事にし続けた。

故郷の蒲江をこよなく愛し、毎年訪ねていたという御手洗。子どものころ、彼が好んで眺めた佐伯湾は、いまも大小の島々を擁して雄大に広がっている。

■参考資料
『夢が駈けぬけた 御手洗毅とキヤノン』加藤勝美(現代創造社)
『都ぞ弥生の』御手洗毅追悼集(御手洗豊子)
■協力
キヤノン株式会社

# 九州ものしり学
# 関連施設マップ

## ❶北九州市立松本清張記念館
北九州市小倉北区城内2-3勝山公園内
☎093(582)2761　JR小倉駅から徒歩15分、西小倉駅から徒歩5分。→**p127**

## ❷旧伊藤伝右衛門邸
福岡県飯塚市幸袋300
☎0948(22)9700　JR新飯塚駅下車、車で約10分。→**p035**

## ❸吉野ヶ里歴史公園
佐賀県吉野ヶ里町田手1869
☎0952(53)3902　JR吉野ケ里公園駅または神埼駅から徒歩15分。→**p1**

## ❹徴古館
佐賀市松原2-5-22　☎0952(23)4200
JR佐賀駅から徒歩20分。→**p209**

## ❺佐賀市大隈記念館
佐賀市水ヶ江2-11-1☎0952(23)2891
JR佐賀駅前からバスで15分。→**p173**

## ❻大平庵酒蔵資料館
佐賀県多久市東多久別府4650
☎0952(76)2455　JR東多久駅から徒歩4分。→**p135**

## ❼ド・ロ神父記念館
長崎市西出津町2633
☎0959(25)1081　JR長崎駅から車で約50分。→**p013**

## ❽グラバー園
長崎市南山手町8-1　☎095(822)8223
JR長崎駅前から路面電車（正覚寺行乗車、築町乗換え、石橋行乗車）で20分、「大浦天主堂下」下車、徒歩7分。→**p149**

## ❾玉名市立歴史博物館こころピア
熊本県玉名市岩崎117　☎0968(74)3989　JR玉名駅からバスで10分「市民会館前」下車、徒歩2分。
→**p027**

## ❿リデル、ライト両女史記念館
熊本市黒髪5-23-1 ☎096(345)6986
JR上熊本駅から車で10分。→**p059**

## ⓫薩摩焼宗家　沈壽官窯
鹿児島県日置市東市来町美山1715
☎099(274)2358　JR伊集院駅から車で10分。→**p201**

## ⓬尚古集成館
鹿児島市吉野町9698-12
☎099(247)1511　JR鹿児島中央駅から市営バス「カゴシマシティビュー」乗車、「仙巌園前」下車すぐ。→**p165**

## ⓭出光美術館（門司）
北九州市門司区東港町2-3
☎093(332)0251　JR門司港駅から徒歩8分。→**p181**

## ⓮菊竹六皷記念館
福岡県うきは市吉井町1082-1 ☎0943(75)3343（うきは市教育委員会生涯学習課）JR筑後吉井駅から徒歩15分。
→**p103**

## ⓯日南市国際交流センター小村記念館
宮崎県日南市飫肥4-2-20-1
☎0987(25)1905　JR飫肥駅から徒歩15分。→**p195**

# 掲載号一覧

鉄川与助(上)掲載
1999年2月号

高橋新吉と
ヘルマン・
ルムシュッテル掲載
1997年10月号

野田岩次郎掲載
1990年4月号

鉄川与助(下)掲載
1999年3月号

後藤勇吉掲載
1998年2月号

マルコ・マリ・
ド・ロ神父掲載
1991年10月号

山頭火と緑平掲載
1999年4月号

ハンナ・リデル、
エダ・ハンナ・ライト
掲載
1998年6月号

九州の凧掲載
1994年1月号

菊竹六皷掲載
1999年8月号

油屋熊八(上)掲載
1998年11月号

金栗四三掲載
1994年2月号

九州の独楽掲載
2000年1月号

油屋熊八(下)掲載
1998年12月号

柳原白蓮掲載
1997年3月号

# 九州ものしり学

江崎利一掲載
2005年8月号

トーマス・ブレーク・
グラバー(上)掲載
2003年2月号

九州の神楽掲載
2000年11月号

小村寿太郎掲載
2005年9月号

トーマス・ブレーク・
グラバー(下)掲載
2003年3月号

七田忠志掲載
2001年5月号

沈壽官窯掲載
2006年4月号

島津斉彬掲載
2004年1月号

松本清張掲載
2001年7月号

鍋島直正掲載
2006年7月号

大隈重信掲載
2004年9月号

肥前の酒造用具掲載
2001年10月号

御手洗毅掲載
2008年10月号

出光佐三掲載
2005年2月号

藤田哲也掲載
2002年3月号

『プリーズ』は、
ＪＲ九州の特急列車を中心に、
九州内の主要駅や旅行センター等でお配りしている
〝旅のライブ情報誌〟です。
一九八七年六月の創刊以来、
「旅」を取り巻く幅広い情報を通して
九州の活きいきとした魅力をお伝えすることを目指し、
毎月発行してまいりました。
本書は、一九九〇年四月号から連載を開始し、
九州に関わりのある人、歴史、文化などを紹介している
人気コーナー「九州ものしり学」が、二〇〇八年十月号で
連載二百二十二回を迎えたことを記念し、これまで掲載した中から
三十編を精選し、まとめたものです。
手にしてくださったみなさまが、
本書を通して、九州への興味をさらに深めてくださいましたら
望外の喜びに存じます。

旅のライブ情報誌『プリーズ』では、
この「九州ものしり学」のほかにも、
テレビ番組と連動した「味わいぶらり旅」や、
作家・伊集院静氏やエッセイスト・筒井ガンコ堂氏によるコーナーなど
九州に関わる多彩な旅の情報を掲載しております。
『プリーズ』をご愛読いただけるJR九州の特急列車の旅が、
お客さまにとって、さらに魅力あるものになりますよう
幅広い旅の情報を発信してまいります。
今後とも、JR九州ならびに
旅のライブ情報誌『プリーズ』を
どうぞよろしくお願い申し上げます。

2009年3月31日

九州旅客鉄道株式会社
代表取締役社長　石原　進

JR九州『プリーズ』
## 九州ものしり学

発行日　平成21年3月31日　第1刷発行
編集　プリーズ編集室
発行　九州旅客鉄道株式会社
〒812－8566
福岡市博多区博多駅前3－25－21
☎092(474)0278
協賛　国土交通省九州運輸局
九州観光推進機構
発売　有限会社 海鳥社
〒810－0074
福岡市中央区大手門3－6－13
☎092(771)0132
企画　(株)ジェイアール九州エージェンシー
制作　(株)ジーエータップ
印刷・製本　(株)ゼネラルアサヒ
ISBN978－4－87415－718－3

制作・取材にご協力いただいた方々、
再録をご快諾くださいましたみなさ
まに心より御礼申し上げます。